Jörg Neddermann

Probleme der Gewährleistung einer optimalen Ver

Bibliografische Information der Deutschen Nationalbibliothek:

Bibliografische Information der Deutschen Nationalbibliothek: Die Deutsche Bibliothek verzeichnet diese Publikation in der Deutschen Nationalbibliografie; detaillierte bibliografische Daten sind im Internet über http://dnb.d-nb.de/ abrufbar.

Copyright © 1997 Diplomica Verlag GmbH
Druck und Bindung: Books on Demand GmbH, Norderstedt Germany
ISBN: 9783838605821

http://www.diplom.de/e-book/216516/probleme-der-gewaehrleistung-einer-opti-malen-verfuegbarkeit-von-iv-systemen

Jörg Neddermann

Probleme der Gewährleistung einer optimalen Verfügbarkeit von IV-Systemen

Diplom.de

Jörg Neddermann

Probleme der Gewährleistung einer optimalen Verfügbarkeit von IV-Systemen

Diplomarbeit
an der Universität Hannover
September 1997 Abgabe

Diplomarbeiten Agentur
Dipl. Kfm. Dipl. Hdl. Björn Bedey
Dipl. Wi.-Ing. Martin Haschke
und Guido Meyer GbR

Hermannstal 119 k
22119 Hamburg

agentur@diplom.de
www.diplom.de

ID 582
Neddermann, Jörg: Probleme der Gewährleistung einer optimalen Verfügbarkeit von
IV·Systemen / Jörg Neddermann · Hamburg: Diplomarbeiten Agentur, 1997
Zugl.: Hannover, Universität, Diplom, 1997

Dipl. Kfm. Dipl. Hdl. Björn Bedey, Dipl. Wi.·Ing. Martin Haschke & Guido Meyer GbR
Diplomarbeiten Agentur, http://www.diplom.de, Hamburg
Printed in Germany

Diplomarbeiten Agentur

Wissensquellen gewinnbringend nutzen

Qualität, Praxisrelevanz und Aktualität zeichnen unsere Studien aus. Wir bieten Ihnen im Auftrag unserer Autorinnen und Autoren Wirtschaftsstudien und wissenschaftliche Abschlussarbeiten – Dissertationen, Diplomarbeiten, Magisterarbeiten, Staatsexamensarbeiten und Studienarbeiten zum Kauf. Sie wurden an deutschen Universitäten, Fachhochschulen, Akademien oder vergleichbaren Institutionen der Europäischen Union geschrieben. Der Notendurchschnitt liegt bei 1,5.

Wettbewerbsvorteile verschaffen – Vergleichen Sie den Preis unserer Studien mit den Honoraren externer Berater. Um dieses Wissen selbst zusammenzutragen, müssten Sie viel Zeit und Geld aufbringen.

http://www.diplom.de bietet Ihnen unser vollständiges Lieferprogramm mit mehreren tausend Studien im Internet. Neben dem Online-Katalog und der Online-Suchmaschine für Ihre Recherche steht Ihnen auch eine Online-Bestellfunktion zur Verfügung. Inhaltliche Zusammenfassungen und Inhaltsverzeichnisse zu jeder Studie sind im Internet einsehbar.

Individueller Service – Gerne senden wir Ihnen auch unseren Papierkatalog zu. Bitte fordern Sie Ihr individuelles Exemplar bei uns an. Für Fragen, Anregungen und individuelle Anfragen stehen wir Ihnen gerne zur Verfügung. Wir freuen uns auf eine gute Zusammenarbeit

Ihr Team der *Diplomarbeiten* Agentur

Dipl. Kfm. Dipl. Hdl. Björn Bedey –
Dipl. Wi.-Ing. Martin Haschke ——
und Guido Meyer GbR ————

Hermannstal 119 k ————
22119 Hamburg ————

Fon: 040 / 655 99 20 ————
Fax: 040 / 655 99 222 ————

agentur@diplom.de ————
www.diplom.de ————

Inhaltsverzeichnis

Abbildungsverzeichnis

1 Einleitung

1.1 Problemstellung

Seit Beginn der industriellen Revolution in der zweiten Hälfte des letzten Jahrhunderts haben sich die das Verhalten der Unternehmen bestimmenden Wettbewerbsbedingungen grundlegend geändert. Genügte es anfangs, bei einem die Nachfrage nicht vollständig befriedigenden Angebot, den mit der Produktion eines Gutes verbundenen Problemen gerecht zu werden, so ist es heute erforderlich, Entscheidungen unter Berücksichtigung aller Marktpartner sowie der Umwelt zu treffen[1].

Der wirtschaftliche Erfolg und damit der Bestand eines Unternehmens ist im Sinne einer modernen Adaption der Darwinschen Selektionstheorie untrennbar verknüpft mit der Fähigkeit, sich stetig verändernden Anforderungen immer wieder möglichst perfekt anzupassen. Der Beschaffung, Verarbeitung, Übertragung, Speicherung und Bereitstellung von Informationen sowie den mit diesen Aufgaben betrauten IV-Systemen kommt dabei besondere Bedeutung zu. Um den gewünschten Funktionen und Leistungen zu genügen, muß ein IV-System deshalb bestimmte quantitative und qualitative Eigenschaften haben. Zu den Anforderungen mit stark wachsender Bedeutung zählt die Verfügbarkeit des IV-Systems. Unter anderem durch die Globalisierung der Märkte sowie veränderten Arbeits- und Geschäftszeiten haben sich die Zeiträume, in denen eine Vorgangsbearbeitung möglich sein muß, vielfach stark ausgeweitet, häufig bis zu 24 Stunden an allen Tagen des Jahres.

1.2 Ziel und Einordnung der Arbeit

Im Rahmen dieser Diplomarbeit soll der Versuch unternommen werden, die bei der Identifizierung und Gewährleistung einer optimalen Verfügbarkeit auftretenden Probleme darzustellen, um anschließend Lösungswege aufzuzeigen, welche geeignet erscheinen, diesen Problemen gerecht zu werden. Durch die Vielzahl der zu beeinflussenden Parameter existieren dabei häufig mehrere anforderungsgerechte Lö-

---

[1] Zu den Entwicklungsphasen des Absatzbereichs vgl. MEFFERT [1991, S. 29].

sungsmöglichkeiten. Ziel ist es deshalb, beim Leser ein Problembewußtsein zu entwickeln, welches unabdingbar ist, um geplante oder bereits in Betrieb befindliche Systemlösungen immer wieder einer kritischen Beurteilung zu unterziehen.

Da die Gewährleistung einer optimalen Verfügbarkeit alle Phasen und Bereiche des Systembetriebs berührt, ist eine Auseinandersetzung mit dieser Thematik für alle Felder der Wirtschaftsinformatik von Bedeutung. An dieser Stelle sei vor allem auf das Informationsmanagement sowie die Systementwicklung verwiesen.

1.3 Aufbau der Arbeit

Die Gliederung der Arbeit orientiert sich an den folgenden Punkten:

- Was ist Verfügbarkeit?
- Welche Bedeutung hat die optimale Verfügbarkeit?
- Wodurch kann die Verfügbarkeit eines IV-Systems beeinträchtigt werden?
- Welche Techniken und Methoden stehen zur Gewährleistung einer optimalen Verfügbarkeit zur Verfügung?

In Kapitel 2 werden die wichtigsten Begriffe und Kenngrößen vorgestellt. Außerdem wird erläutert, welche Größen die Verfügbarkeit beeinflussen und welche Möglichkeiten bestehen, diese zu klassifizieren. Zudem wird kurz auf Standards und Normen mit Bezug zum Themenbereich Verfügbarkeit eingegangen.

Kapitel 3 klärt die Frage, warum IV-Systeme eine so hohe Bedeutung haben, daß es wichtig erscheint, sich Gedanken über ihre Verfügbarkeit zu machen. Ausgehend von dem Stellenwert, welcher dem IV-System beigemessen wird, kommt es dann zur Bestimmung der optimalen Verfügbarkeit.

In Kapitel 4 wird versucht zu ermitteln, aus welchen Gründen die Verfügbarkeit eines IV-Systems beeinträchtigt werden kann. Dabei kommt es einerseits zu einer Differenzierung zwischen drei verschiedenen Bereichen, andererseits werden Gemeinsamkeiten herausgearbeitet, welche allen Ursachen gemein sind.

Die Beschreibung des Instrumentariums, welches zur Erhöhung bzw. Gewährleistung der Systemverfügbarkeit eingesetzt werden kann, erfolgt in zwei Schritten bzw. Kapiteln. In Kapitel 5 werden Möglichkeiten der Konfiguration von IV-Systemen aufgezeigt, welche geeignet sind, die Verfügbarkeit reduzierende Ausfälle zu minimieren. Kapitel 6 macht deutlich, daß der technische Aspekt zwar wesentlich, allein aber nicht ausreichend ist. Hier wird das Augenmerk auf das Qualitäts- und Katastrophenmanagement gelenkt.

Da die Gewährleistung einer optimalen Verfügbarkeit untrennbar verbunden ist mit einem nicht nur zuverlässigen, sondern auch wirtschaftlichen Systembetrieb, werden im Kapitel 7 Möglichkeiten der Beurteilung der Wirtschaftlichkeit von IV-Systemen vorgestellt. Das abschließende Kapitel 8 liefert neben einer bewertenden Zusammenfassung auch einen Ausblick auf zukünftig zu erwartende Entwicklungen.

2 Grundlagen

2.1 Definitionen

Bei der Beschäftigung mit einer bestimmten Aufgabe wird es immer dann Probleme geben, wenn die beteiligten Personen feststellen müssen, daß sie zwar alle mit den gleichen Begriffen operieren, die dahinterstehende Bedeutung jedoch variiert. Solche Erfahrungen werden auch und gerade im Bereich der EDV immer wieder gemacht. Die hohe Dynamik in diesem Bereich, resultierend aus technischer Weiterentwicklung und zunehmender Durchdringung aller gesellschaftlichen Bereiche, führte und führt zu einer Vielzahl von Neologismen, welche häufig aus dem anglo-amerikanischen Raum adaptiert werden. Zur Vermeidung von semantischen Differenzen sollen deshalb nachfolgend die wichtigsten Begriffe erläutert werden.

Unter **Verfügbarkeit** wird im folgenden die durchschnittliche Zeitspanne verstanden, in der ein IV-System die Funktionen, die zur Steuerung eines Prozesses notwendig sind, fehlerfrei ausführt[1]. Dies kann ausgedrückt werden in der Kenngröße:

$$\frac{Einsatzzeiten}{Einsatzzeiten + Ausfallzeiten}\%\ ^2.$$

Ein System, dessen Zweck die Beschaffung, Verarbeitung, Speicherung, Übertragung und Bereitstellung von Informationen ist, ist ein Informationssystem (**IV-System** oder kurz IS)[3].

Eng verwandt mit dem Terminus Verfügbarkeit ist der Begriff der **Zuverlässigkeit**. Ein System wird als zuverlässig bezeichnet, wenn es die Fähigkeit besitzt, die durch die Aufgabenstellung bedingten Funktionen mit einer definierten Wahrscheinlichkeit auszuführen[4].

---

[1] Vgl. HEINRICH/LEHNER/ROITHMAYER [1990, S. 40]
[2] BRUNNER [1992, S. 19]
[3] SCHWARZE [1995, S. 18]
[4] Vgl. HEINRICH/ROITHMAYER [1992, S. 577]

Häufig kommen auch die folgenden Kenngrößen bei der Beurteilung von IV-Systemen zum Einsatz[5]:

Bei der **Mean Time Between Failures (MTBF)** handelt es sich um eine Kenngröße zur Bestimmung der durchschnittlich zwischen zwei Fehlfunktionen einer bestimmten Komponente (z.B. einer Festplatte) verstreichenden Zeit.

Die **Mean Time To Repair (MTTR)** gibt hingegen an, welche Zeitspanne durchschnittlich für die Reparatur eines Defektes benötigt wird.

MTBF und MTTR sind wiederum Einflußgrößen der **Annualized Failure Rate (AFR)**. Die AFR ist ein Instrument zur Bestimmung der zu erwartenden Anzahl der Ausfälle innerhalb eines Jahres (= 8760 Stunden):

$$AFR = \frac{1}{MTBF + MTTR} * 8760 * 100\% .$$

Bei einer AFR von 50% wäre entsprechend alle zwei Jahre mit einem Ausfall zu rechnen.

Versuche der IEEE[6], den Grad der Verfügbarkeit verbindlich zu klassifizieren, um so verschiedene Abstufungen vornehmen zu können, sind bislang gescheitert. Die nachfolgende Abgrenzung hat entsprechend nur Vorschlagscharakter[7]:

Klassifizierung	Grad der Verfügbarkeit (%)	Jährliche Ausfallzeit
Permanente Verfügbarkeit	100	0 Minuten
Fehlertoleranz	99,9999	5 Minuten
Störungsbewältigung	99,99	53 Minuten
Hochverfügbarkeit	99,9	8,8 Stunden
Normale Verfügbarkeit	99 – 99,5	43,8 –87,6 Stunden

Abbildung 2.1:   Stufen der Verfügbarkeit
(Vgl. DATAQUEST [1996, S.3])

[5] Diese und weitere Größen finden sich u.a. bei: WEYGANT [1996, S. 140 ff.] sowie HEINRICH/ROITHMAYER [1992, S. 577]
[6] Institut of Electrical and Electronic Engineers (Normungsinstitut in den USA)
[7] Andere Abstufungen finden sich z.B. bei der INTERNATIONAL DATA CORPORATION [1996, S. 5] oder bei BUSSE [1996, S.1]

2.2 Determinanten der Verfügbarkeit

Neben der Annualized Failure Rate bestimmen die Kenngrößen Meantime Between Failure (MTBF) und Meantime To Repair (MTTR) auch die Verfügbarkeit (A), denn es gilt[8]:

$$A = \frac{MTBF}{MTBF + MTTR}.$$

Soll die Verfügbarkeit eines Systems verändert werden, ist dies prinzipiell durch Veränderung der MTBF und/oder der MTTR möglich. Bei komplexen Systemen, welche aus Subsystemen und Elementen bestehen, ist eine Analyse jeder einzelnen Komponente notwendig. Aus den kumulierten Werten kann dann die Mean Time Between Failure und die Mean Time To Repair für das Gesamtsystem errechnet werden. Die vielfältigen Möglichkeiten ein bestimmtes Verfügbarkeitsniveau zu erreichen verdeutlicht Abbildung 2.2.

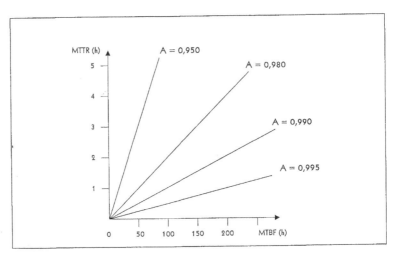

Abbildung 2.2:   Verfügbarkeit als Funktion von MTBF und MTTR
(Quelle: BRUNNER [1992, S. 44])

An dieser Stelle sei darauf hingewiesen, daß eine solche Methodik lediglich geeignet ist, um die Grundproblematik zu verdeutlichen. In der Praxis können die Verfügbar-

---

[8] Die folgenden Ausführungen erfolgen in Anlehnung an BRUNNER [1992, S. 41 ff.]

keit beeinträchtigende Stillstandszeiten beispielsweise auch durch planmäßige Wartungsarbeiten oder das Einspielen neuer Software entstehen[9].

2.3 Standards und Normen

Die Beurteilung, ob ein Produkt oder eine Dienstleistung bestimmten Anforderungen
gerecht wird, kann durch Normen oder Standards vereinfacht werden. Diese werden
durch verschiedene private und öffentliche Organisationen, beispielsweise der ISO[10],
aufgestellt. Richtlinien, welche sich direkt mit der Verfügbarkeit von technischen
Systemen auseinandersetzen, fehlen derzeit noch. Bedingt durch die teilweise inhaltliche Überschneidung wird deshalb auf Normen mit Bezug zur Zuverlässigkeit von
technischen Systemen zurückgegriffen. Zu nennen wären dabei vor allem[11]:

- MIL-HDBK-217,
- British Standard 5760 „Reliability of Systems, equipments and components",
- Bellcore TR-NWT-001217,
- VDI-Handbuch „Technische Zuverlässigkeit".

Der vom amerikanischen Verteidigungsministerium entwickelte Standard MIL-
HDBK-217 zeichnet sich dabei zum einen durch seine große Verbreitung im ameri-
kanischen Raum aus, zum anderen wird seine Aussagekraft jedoch mehr und mehr in
Zweifel gezogen. Die zu erwartende Zuverlässigkeit wird hierbei durch theoretische
Modelle und die Berücksichtigung von empirischen Daten ermittelt. Die mit dieser
Methode ermittelten Werte weichen jedoch häufig von den tatsächlichen Werten weit
ab.

Bessere Ergebnisse liefern Methoden, die auf den sogenannten „Physics of Failure"-
Ansatz zurückgehen (z.B. Bellcore TR-NWT-001217). Hierbei wird das zu untersu-
chende System mittels eines Testprogramms in beschleunigter Form den späteren
Belastungen ausgesetzt. So kann die maximale Belastbarkeit der einzelnen Komponenten und somit die zu erwartende Zuverlässigkeit des ganzen Systems ermittelt
werden[12].

---

[9] Vgl. Abschnitt 4.3.
[10] International Organization for Standardization (früher: International Standardizing Organization)
[11] Vgl. BRUNNER [1992, S. 21 – 23] sowie IEEE [1995, S. 2 ff.]
[12] Vgl. AMP [1997, S. 1 ff.]

3 Der Einsatz von IV-Systemen und seine strategische Bedeutung

3.1 Mit dem Betrieb von IV-Systemen verbundene Ziele[1]

Die Planung von Maßnahmen zur Gewährleistung oder Erhöhung der Leistungsfähigkeit eines IV-Systems fällt in den Aufgabenbereich des Informationsmanagements (IM). Das IM kann beschrieben werden „als spezielle Managementaufgabe, die alle Aktivitäten der Beschaffung, Verarbeitung, Speicherung, Übertragung und Bereitstellung von Informationen umfaßt"[2]. Entsprechend kann das IM im Gegensatz zu den sogenannten klassischen Funktionsbereichen wie z.b. Beschaffung, Produktion und Absatz, nicht an einer bestimmten Stelle in die Wertschöpfungskette eingeordnet werden, sondern beeinflußt als Querschnittsfunktion maßgeblich die Wirksamkeit betrieblicher Faktorkombinationen.

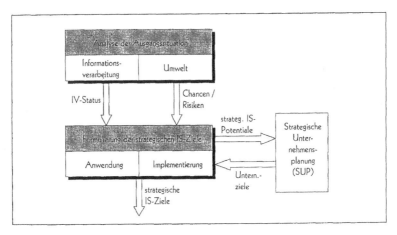

Abbildung 3.1:   Die Formulierung strategischer IS-Ziele
(NEU [1991, S. 112])

---

[1] Die folgenden Überlegungen orientieren sich an kommerziellen Unternehmen, können aber leicht modifiziert auch auf andere Organisationen übertragen werden.
[2] SCHWARZE [1994, S. 366]

Erfolgreiche Organisationen zeichnen sich dabei durch die Kongruenz von allgemeiner Unternehmensplanung und der strategischen Planung für den IV-Bereich aus. Abbildung 3.1 verdeutlicht die zwischen den beiden Bereichen bestehende Wechselwirkung. Nur wenn die Einführung und anschließende Nutzung moderner Informations- und Kommunikationstechniken durch flankierende Anpassungen in der Aufbau- und Ablauforganisation begleitet wird, kann mit einer Steigerung der Wettbewerbsfähigkeit gerechnet werden.

Die Bestimmung der Ziele, welche mit dem Betrieb eines IV-Systems angestrebt werden, ist nur unter Berücksichtigung der internen und externen Bedingungen möglich mit denen eine Organisation konfrontiert wird. Die folgenden Ziele, die in Untersuchungen genannt worden sind, haben deshalb nur beispielhaften Charakter und erheben keinen Anspruch auf Vollständigkeit[3]:

- Erhöhung der Differenzierung gegenüber Konkurrenten,
- Erhöhung der Lieferfähigkeit und Flexibilität,
- Erschließung neuer Märkte,
- Reduzierung der Produktentwicklungszyklen,
- Reduzierung der Lagerbestände,
- Verkürzung der Durchlaufzeiten.

3.2 Unternehmenskritische Anwendungen

Bedingt durch technische Weiterentwicklungen und einem teilweise dramatischen Preisverfall im Bereich der Hardware[4] werden in den meisten Unternehmen mittlerweile alle betriebswirtschaftlichen Funktionsbereiche durch die elektronische Datenverarbeitung unterstützt. Vor dem Hintergrund verkürzter Durchlaufzeiten, reduzierter manueller Eingaben und weiterer mit dem Betrieb von IV-Systemen verbundener Vorteile[5] wird diese Durchdringung auch bewußt angestrebt.

Um eine informationstechnische Unterstützung zu gewährleisten, welche den Anforderungen gerecht wird, die sich aus der Wettbewerbssituation der Unternehmung

---

[3] Vgl. BUCK-EMDEN/GALIMOW [1995, S. 19] sowie SCHUMANN [1992, S. 32].
[4] Dieser wird allerdings begleitet von steigenden Software- und Support-Preisen.
[5] Vgl.3.1

ergeben, ist es jedoch unerläßlich, jede einzelne Anwendung hinsichtlich ihrer Bedeutung für den Organisationserfolg zu bewerten. Ziel ist die Identifikation der unternehmenskritischen Anwendungen, jenen Komponenten des Informationssystems,
deren Ausprägung maßgeblichen Einfluß auf den Organisationserfolg hat.
Abbildung 3.2 zeigt mit welchen Kosten ausgewählte Branchen konfrontiert werden,
bei einem Systemausfall von nur 1 Stunde.

Branche	Geschäftätigkeit	Durchschnittliche Kosten pro Stunde eines Systemausfalls
Banken	Börsentransaktionen	6,45 Millionen $
Versandhäuser	Katalogverkauf	90.000 $
Fluggesellschaften	Platzreservierungen	89.500 $
Transportwesen	Paketversand	28.000 $

Abbildung 3.2: Durchschnittskosten ausgewählter Branchen (pro Stunde)
(Vgl. DATAQUEST [1996, S. 2])

Gerade im Bereich des Finanzwesens, aber auch in vielen anderen Geschäftsfeldern,
ist die langfristige Sicherung des Unternehmensbestandes abhängig von der dauerhaften Verfügbarkeit der unternehmenskritischen Anwendungen sowie der hierfür
betriebenen Systeme. Bei Anwendungen, die nicht zu den kritischen Erfolgsfaktoren[6]
gehören, z.B. der Personalstammdatenverwaltung, ist i.d.R. auch eine geringere Absicherung vertretbar.
Abbildung 3.2 verdeutlicht, daß das anzustrebende Verfügbarkeitsniveau von Branche zu Branche variiert. Welche Einflüsse bei der Ermittlung einer optimalen Verfügbarkeit berücksichtigt werden müssen, soll im folgenden Abschnitt 3.3 beschrieben werden.

3.3 Die optimale Verfügbarkeit

3.3.1 Grundlagen

Zur Erhöhung ihrer Effizienz und Effektivität sind Organisationen bemüht, durch die
interne und externe Situation bedingte Risiken weitestgehend zu reduzieren. Das mit

dem Betrieb von IV-Systemen verbunden Risiko kann durch eine Erhöhung der Verfügbarkeit reduziert werden. Als optimal kann das Verfügbarkeitsniveau bezeichnet werden, bei dem mit dem Einsatz des IV-Systems der größte Beitrag zur Erreichung der Organisationsziele erbracht wird. Der in Budgetrestriktionen ausgedrückte Tatbestand knapper Mittel macht es dabei jedoch erforderlich, die Erhöhung der Sicherheit vor dem Hintergrund der damit verbundenen Kosten zu beurteilen[7].

Die optimale Verfügbarkeit entspricht deshalb nur in den seltensten Fällen dem maximal zu erreichenden Verfügbarkeitsniveau. Von der optimalen kann weiterhin die notwendige Verfügbarkeit unterschieden werden. Diese bezeichnet das unterste Niveau, welches für eine Organisation denkbar ist, ohne ihren Bestand zu gefährden.

Bei der Ermittlung der notwendigen sowie der optimalen Verfügbarkeit ist eine Orientierung an den folgenden Fragen hilfreich:

- Welche quantitativen und qualitativen Ziele werden mit dem IV-System verfolgt?
- Welche Anwendungen sind unternehmenskritisch?
- Welche Kosten sind mit einem Systemausfall verbunden?
- Welches Mindestniveau wird von den in der Branche wirkenden Wettbewerbskräften erzwungen?

3.3.2 Bestimmungsverfahren

Vor der optimalen sollte die notwendige Verfügbarkeit bestimmt werden. Diese wird häufig durch die Umweltbedingungen der Organisation vorgegeben. Eine Analyse der Wettbewerbskräfte kann beispielsweise an Hand des „Modells zur Strukturanalyse" von PORTER erfolgen[8]. Bei Beziehungen zu Lieferanten und/oder Abnehmern mit großer Verhandlungsstärke wird die zu gewährleistende Verfügbarkeit häufig von diesen vorgegeben, z.B. wenn eine Lieferung oder Abnahme von Produkten nur bei Nutzung eines zwischenbetrieblichen IV-Systems möglich ist.

Ähnliches gilt, wenn das Verhältnis zu den Wettbewerbern durch eine hohe Rivalität gekennzeichnet ist. Hier sei als Beispiel auf die Entwicklung im Bereich des Finanz-

---

[6] Zum Begriff des kritischen Erfolgsfaktors vgl. HEINRICH, ROITHMAYR [1992, S. 197].
[7] Zur Analyse der Wirtschaftlichkeit von IV-Systemen vgl. Kapitel 7
[8] Zur Analyse der Branchenstruktur vgl. KREIKEBAUM [1993, S. 66 ff.].

wesens verwiesen, wo mittelfristig alle Institute gezwungen sein werden, ihren Kunden unabhängig von den normalen Geschäftszeiten die Möglichkeit des Home Banking[9] anzubieten.

Die optimale Verfügbarkeit wird erreicht, wenn das IV-System so ausgestattet ist,
daß es nicht nur den Mindestanforderungen genügt, sondern eine strategische Waffe
im Kampf mit den Wettbewerbskräften darstellt. Die Bestimmung des Optimums auf
formalen Wege ist bei überwiegend qualitativen Zielen jedoch sehr schwierig.

Mit der Anzahl der unternehmenskritischen Anwendungen steigen die mit einem
Systemausfall verbundenen Kosten, und steigt auch das anzustrebende Verfügbarkeitsniveau. Sind die Ausfallkosten genau quantifizierbar, ist eine rechnerische Bestimmung der optimalen Verfügbarkeit möglich (siehe
Abbildung 3.3).

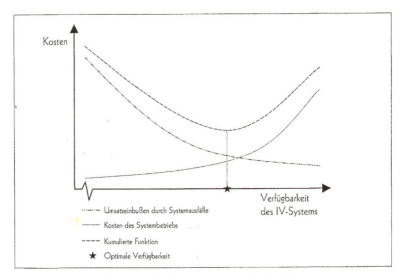

Abbildung 3.3:   Die Ermittlung der optimalen Verfügbarkeit
(Eigene Darstellung in Anlehnung an Brunner [1992, S. 39])

Hierbei werden für unterschiedliche Verfügbarkeitsniveaus die mit dem Betrieb des
IV-Systems verbundenen Kosten den sich aus der Nichtverfügbarkeit des Systems

---

[9] Der Kunde hat dabei die Möglichkeit, Transaktionen von seinem vernetzten PC aus zu veranlassen.

ergebenden Umsatzeinbußen gegenübergestellt und in einer Funktion zusammengefaßt. Der Tiefpunkt gibt den optimalen Grad der Verfügbarkeit an.

Die Ermittlung der finanziellen Auswirkungen eines Ausfalls des Systembetriebs
kann durch den Einsatz einer Analysesoftware, wie z.B. der Business Impact Analy-
sis Software von Strohl Systems, vereinfacht werden. Durch die vielen Einflußparameter, welche die Kosten des Systembetriebs und die Umsatzeinbußen bei einem
Systemausfall beeinflussen, handelt es sich bei der Ermittlung dieses Optimums um
eine sehr komplexe Aufgabe, deren Lösung mit einigem Aufwand verbunden ist.

4 Die Identifizierung möglicher Probleme als Ausgangspunkt

4.1 Einführung

Wie im vorangegangenen Abschnitt dargestellt, stellt sich die Bestimmung des optimalen Verfügbarkeitsgrades für eine bestimmte Organisation, bedingt durch die vielen Einflußparameter, häufig als großes Problem dar. Nachdem diese erste Hürde genommen wurde, wird man jedoch in der nächsten Phase mit einer nicht minder schweren Aufgabe konfrontiert. Um eine optimalen Verfügbarkeit gewährleisten zu können, ist es notwendig, alle Faktoren zu identifizieren, welche diese beeinträchtigen können.

Die möglichen Probleme können in drei Bereichen angesiedelt sein:

• Veränderte Rahmenbedingungen,

• Planmäßige Ausfallzeiten,

• Ungeplante Ausfallzeiten.

Die Gewährleistung einer optimalen Verfügbarkeit wird nur gelingen, wenn allen Bereichen die gleiche Aufmerksamkeit geschenkt wird.

4.2 Veränderungen der Rahmenbedingungen

Die Gewährleistung einer optimalen Verfügbarkeit scheitert häufig, weil das angestrebte Niveau bedingt durch die Mißachtung oder die Veränderung wichtiger Einflußgrößen nicht oder nicht mehr als optimal bezeichnet werden kann. Die endgültige Sicherheit, den optimalen Verfügbarkeitsgrad bestimmt zu haben, kann nie erreicht werden[1].

---

[1] Zur Asymmetrie zwischen Verifikation und Falsifikation vgl. RAFFÉE [1974, S. 34].

Eine Prämissenkontrolle zur Prüfung, ob sich das Niveau der optimalen Verfügbarkeit ggf. verschoben hat sollte beispielsweise erfolgen bei Veränderung der

- Organisationsprozesse,
- Organisationsziele,
- Beziehung zur Umwelt und der
- Organisationsgröße[2].

4.3 Planmäßige Ausfallzeiten[3]

4.3.1 Grundlagen

Von planmäßigen Ausfallzeiten (engl.: planned downtime) wird gesprochen, wenn ein IV-System bedingt durch die Durchführung vorher geplanter Maßnahmen, z.B. dem Einbau einer neuen Festplatte, nicht verfügbar ist. Das Verfügbarkeitsniveau wird dabei zum einen durch die Anzahl dieser geplanten Ausfallzeiten beeinträchtigt, zum anderen durch die Zeitspanne, welche verstreicht bis alle Maßnahmen abgeschlossen sind und das System wieder voll den mit seinem Betrieb verbundenen Anforderungen gerecht wird[4].

Bei einem hochverfügbaren System muß versucht werden, alle Maßnahmen so zu planen, daß die Durchführung nicht zu einer Beeinträchtigung für die Benutzer führt. Dies kann beispielsweise gelingen, indem entsprechende Vorhaben in die Nacht oder auf das Wochenende verlegt werden. Für IV-Systeme, die auch in diesen Zeiträumen produktiv beansprucht werden, muß nach Methoden gesucht werden, die es erlauben Arbeiten am System durchzuführen ohne den laufenden Betrieb zu stören[5].

4.3.2 Ursachen

Um die für eine Organisation bestimmte optimale Verfügbarkeit des IV-Systems gewährleisten zu können, ist eine Analyse der Maßnahmen notwendig, die zu geplanten Ausfallzeiten führen können. Wie bereits in Abschnitt 4.3.1 erwähnt, kann für die nachfolgend aufgeführten Vorhaben, welche eine solche Planned Downtime

---

[2] Vgl. HARTMANN [1997].
[3] Zu den Ausführungen über Ausfallzeiten vgl. SAP [1996, S. 8 f.] sowie WEYGANT [1996, S.17 ff.]
[4] Hierbei sei auf die in Abschnitt 2.1 erläuterte Kenngröße der Mean Time To Repair verwiesen.

bedingen, auch nach Möglichkeiten gesucht werden, diese im laufenden Betrieb durchzuführen.

Gründe für geplante Ausfallzeiten sind beispielsweise:

- Erweiterung der Hardware,
- Änderungen in der Systemkonfiguration,
- Installation neuer Software,
- Einspielung von Software-Updates,
- Reorganisation von Datenbanken,
- Datensicherung.

4.4 Ungeplante Ausfallzeiten

4.4.1 Grundlagen

„Die Zeit, in der ein System oder einzelne Komponenten eines Systems wegen eines Fehlers nicht zur Verfügung stehen"[6] wird als ungeplante Ausfallzeit (engl.: unplanned downtime) bezeichnet. Bedingt durch das sie auszeichnende überraschende Moment, welches die Konsequenzen abmildernde Vorbereitungen verhindert, haben ungeplante Ausfallzeiten großen Einfluß auf die Verfügbarkeit von IV-Systemen. Ebenso wie bei planmäßigen Ausfallzeiten gilt es deshalb, zum einen die Anzahl der Ausfallzeiten und zum anderen die Dauer pro Ausfallzeit zu minimieren.

Zur Gewährleistung einer hohen Verfügbarkeit ist es deshalb erforderlich, zu analysieren, wodurch ungeplante Ausfallzeiten hervorgerufen werden können. Diese werden minimiert, indem Verfahren eingeführt werden, welche das IV-System gegen die ermittelten Risiken absichern bzw. eine Wiederherstellung der Leistungsfähigkeit in kürzester Zeit ermöglichen.

4.4.2 Ursachen

Die Vielfältigkeit der Ursachen für ungeplante Ausfallzeiten macht es unmöglich, ein IV-System gegen alle Risiken vollständig abzudecken. Da jede Absicherung mit Ko-

---

[5] Entsprechende Verfahren werden im nachfolgenden Kapitel 5 erläutert.

sten verbunden ist, werden deshalb nur jene Gefahren berücksichtigt werden, welche die Gewährleistung der optimalen Verfügbarkeit verhindern würden.

Ungeplante Ausfallzeiten können hervorgerufen werden durch:

- Ausfall einzelner Hardwarekomponenten (z.B. Prozessor, Controller, Speicher)
- Fehlfunktionen der Software
- Ausfall der Stromversorgung
- Störungen im Bereich des Netzwerks (z.B. Netzwerkkarten, Kabel, Hubs)
- Falsche Bedienung des Systems durch Benutzer oder Administrator
- Naturkatastrophen
- Mutwillige Zerstörung

Irrtümlicherweise wird dabei häufig angenommen, daß der Großteil ungeplanter Ausfallzeiten durch defekte Hardwarekomponenten hervorgerufen wird. Wie die folgende Abbildung verdeutlicht, ist dieser Bereich jedoch für weniger als die Hälfte der Systemausfälle verantwortlich.

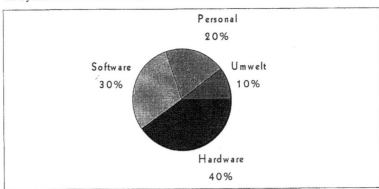

Abbildung 4.1:   Ursachen unplanmäßiger Ausfälle
(WEYGANT [1996, S. 24])

4.5 Die kritischen Komponenten eines IV-Systems

Die Konsequenzen einer unterbrochenen Stromversorgung durch den Ausfall eines Netzteils sind nicht mit den Folgen einer defekten Diode zu vergleichen, welche den

---

[6] HEINRICH, ROITHMAYR [1992, S. 73]

Zugriff auf eine Festplatte anzeigt. Deshalb werden innerhalb eines IV-Systems nur jene Komponenten als kritisch bezeichnet, deren Ausfall direkten Einfluß auf die Verfügbarkeit des Gesamtsystems hat. Diese kritischen Komponenten werden als Single Points of Failure bezeichnet[7].

Analog zur Aussage „Jede Kette ist so stark wie ihr schwächstes Glied" gilt für IV-Systeme, daß die Verfügbarkeit des Gesamtsystems abhängig ist von der Verfügbarkeit der schwächsten kritischen Komponente. Diese Single Points of Failure können dabei in den Bereichen Hardware, Software, Personal, Netzwerk und Umwelt angesiedelt sein. Sofern die angestrebte Verfügbarkeit eine Reduzierung der planmäßigen und ungeplanten Ausfallzeiten erfordert, müssen die Single Points of Failure identifiziert und durch redundante Auslegung ihrer kritischen Eigenschaft beraubt werden. Dadurch wird vermieden, daß der Ausfall einer einzelnen Komponente zum Ausfall des Gesamtsystems führt. Inwieweit eine einfache Redundanz den Ansprüchen gerecht wird, ist abhängig von dem als optimal bestimmten Verfügbarkeitsniveau.

---

[7] Vgl. HEWLETT-PACKARD [1997, S. 4]

5 Die Berücksichtigung der optimalen Verfügbarkeit bei der Konfiguration von IV-Systemen

5.1 Einführung

Mit dem Begriff Konfiguration wird die konkrete Zusammenstellung einer Rechen-anlage, bestehend aus Zentraleinheiten, Ein-Ausgabegeräten und Speichergeräten, die Vernetzungsstruktur sowie die zu einem Gesamtsystem verbundene Software bezeichnet[1]. Dabei kann bei der Konfiguration eines IV-Systems eine Orientierung an den unterschiedlichsten Zielen erfolgen. Die folgenden Abschnitte zeigen auf, welche Möglichkeiten bestehen, wenn der Gewährleistung einer hohen Verfügbarkeit große Bedeutung zukommt. Es muß jedoch beachtet werden, daß dieses Ziel durch-aus in Konkurrenz zu anderen Zielen stehen kann. Je stärker Verfahren genutzt wer-den, welche die Verfügbarkeit des Systems erhöhen, desto eher ist beispielsweise damit zu rechnen, daß es zu einem Konflikt mit ebenfalls verfolgten Wirtschaftlich-keitszielen kommt. Bei der Konfiguration sollte deshalb ein Verfügbarkeitsniveau angestrebt werden, welches als optimal bestimmt wurde[2].

Die Hardware-, Software- und Netzwerkkonfiguration ist ein elementarer Bestandteil jeder hochverfügbaren IV-Lösung. Um auf Dauer den Anforderungen gerecht zu werden, welche mit dem Betrieb verbunden sind, ist es jedoch erforderlich, diese technischen Komponenten in ein umfassendes organisatorisches Konzept einzubin-den, welches unter anderem auch ein Qualitäts- und ein Katastrophenmanagement beinhaltet. Diese Bereiche sollen deshalb im nachfolgenden Abschnitt 6 beleuchtet werden. Ein die zur Verfügung stehenden Ressourcen optimal nutzendes IV-System zeichnet sich durch die Kongruenz aller Subsysteme aus.

---

[1] Vgl. DUDEN [1993, S. 346]
[2] Vgl. Abschnitt 3.3

5.2 Stromversorgung

5.2.1 Bedeutung und Risiken

Alle technischen Komponenten eines IV-Systems verbindet eine charakteristische Eigenschaft: die Abhängigkeit von der Stromversorgung. Jede Unterbrechung der Stromzufuhr führt immer auch zu einer Unterbrechung der Funktionstätigkeit. Selbst durch einen Stromausfall von nur wenigen Sekunden kann ein Ausfall des Systembetriebs von einer oder mehreren Stunden bewirkt werden, da das System neu wieder „hochgefahren"[3] werden muß. Aus diesem Grund zählt die Absicherung der Energieversorgung zu den elementaren Aufgaben bei der Gewährleistung einer hohen Verfügbarkeit.

Eine Beeinträchtigung oder vollständige Unterbrechung der Stromversorgung kann entstehen durch[4]:

- Defekte Netzteile

Diese sind für die Umformung der Spannung des Versorgungsnetzes in die zum Betrieb notwendige zuständig. Bei einem Defekt wird die Stromversorgung vollständig unterbrochen.

- Spannungsabfall

Zu einem Abfall der Stromspannung im Versorgungsnetz kommt es häufig, wenn zeitgleich viele Verbraucher mit hohem Stromverbrauch betrieben werden. Die Konsequenzen reichen von kurzfristigen Verzögerungen bis zum Systemausfall.

- Stromausfall

Bei einem Stromausfall bricht das Versorgungsnetz vollständig zusammen. Folge ist ein Systemausfall.

- Spannungsspitzen

Bei Spannungsspitzen kommt es kurzfristig zu einem Anstieg der Spannung in Bereiche, für welche die versorgten Geräte und Komponenten nicht konzipiert wurden. Diese Belastung kann zu einer Verkürzung der Lebenszeit oder zur sofortigen Zerstörung führen.

---

[3] Mit diesem Begriff werden alle Aktivitäten beschrieben, welche notwendig sind um die volle Funktionsfähigkeit des Systems wiederherzustellen.
[4] Vgl. APC [1997]

5.2.2 Möglichkeiten des Ausfallschutzes

Bedingt durch die weitreichenden Konsequenzen, welche aus Störungen der Stromversorgung erwachsen können, sind für alle Risiken Lösungen entwickelt worden, mit denen Schwankungen und Ausfällen begegnet werden kann.

Sofern die Hardwarearchitektur dies zuläßt, können die Netzteile redundant ausgelegt werden. Wenn diese außerdem im laufenden Betrieb gewechselt werden können[5], führt ein Defekt zu keiner Beeinträchtigung des Systembetriebs mehr.

Einem Stromausfall kann mit einer **unterbrechungsfreien Stromversorgung (USV)** begegnet werden. Diese überwacht die Spannung im Versorgungsnetz und übernimmt bei einem Ausfall die Versorgung der angeschlossenen Komponenten. Hierbei können zwei Arten unterschieden werden[6]. Als Offline-USV werden Geräte bezeichnet, welche erst bei einem Netzausfall hochgefahren werden. Beim Wechsel der Versorgung vom Netz auf die USV kommt es jedoch häufig zu Einschränkungen des Systembetriebs. Diese können mit einer Online-USV vermieden werden, welche dauerhaft zwischen Versorgungsnetz und zu versorgendem System sitzt.

Von großer Bedeutung ist die mit einer unterbrechungsfreien Stromversorgung überbrückbare Autonomiezeit. Bedingt durch die hohen Kosten werden nur selten Kapazitäten freigehalten, welche eine autarke Energieversorgung über einen längeren Zeitraum ermöglichen. Hierzu sind Generatoren erforderlich, die nach Erschöpfung der in Batterien gespeicherten Energie die Versorgung übernehmen. Häufiger werden USV genutzt, um im Falle eines Stromausfalls die Möglichkeit zu haben, das System herunterzufahren, alle Programme ordnungsgemäß zu beenden, um so Dateninkonsistenzen zu vermeiden.

Zum Schutz vor Spannungsschwankungen können Stabilisatoren genutzt werden, welche eine Pufferfunktion haben und Spitzen oder Schwächen ausgleichen. Stabilisatoren sind häufig in Online USV integriert.

---

[5] Diese Funktionalität wird als „hot-plug" bezeichnet.
[6] HEINRICH, LEHNER, ROITHMAYR [1990, S. 392]

5.3 Speichertechnologien

5.3.1 Grundlagen

Unter Daten werden „Informationen in einer zur technikgestützten Darstellung und Verarbeitung geeigneten Form"[7] verstanden. Diese können unterteilt werden in

- Steuerdaten und

- Nutzdaten.

Zu den Steuerdaten zählen Betriebssystem und Anwendungssoftware. Diese sind erforderlich, damit mit den, die Phänomene der realen Welt beschreibenden Nutzdaten im IV-System gearbeitet werden kann[8]. Der mit dem Defekt einer Festplatte verbundene Verlust von Steuerungsdaten führt dazu, daß das IV-System nicht mehr in der Lage ist, die zur Bearbeitung der Nutzdaten notwendigen Prozesse auszuführen. Bei einem Verlust der Nutzdaten ist das IV-System zwar weiterhin betriebsbereit, es fehlt jedoch an zu bearbeitenden Daten. Die Auswirkungen auf die Verfügbarkeit sind in beiden Fällen erheblich, da die defekte Platte ausgetauscht und die verlorengegangenen Daten, vorausgesetzt sie liegen als Sicherungskopie vor, neu eingespielt werden müssen.

Die hohe Bedeutung der in einem IV-System verwendeten Speichertechnologie kann durch den Vergleich mit einem Auto veranschaulicht werden. Dabei könnte in dieser Analogie der Prozessor beispielsweise dem Motor gegenübergestellt werden. Den Festplatten kommt die Funktion eines Tanks zu, welcher Kraftstoff in Form von Daten zu speichern hat. Ohne bzw. mit leerem Tank ist das Auto jedoch nicht zu bewegen. Genauso wie jeder Autofahrer darauf zu achten hat, daß die Benzinversorgung gesichert ist, muß beim Betrieb eines IV-Systems darauf geachtet werden, daß die Versorgung mit Daten nicht unterbrochen wird. Zur Gewährleistung einer hohen Verfügbarkeit sollte deshalb ein Verfahren der Datenspeicherung gewählt werden, bei dem der Ausfall einer einzelnen Festplatte weder zu Datenverlusten noch zu einer Beeinträchtigung des Systembetriebs führt.

---

[7] SCHWARZE [1994, S. 16]
[8] Vgl. SCHWARZE [1994, S. 145]

5.3.2 Gespiegelte Festplatten[9]

Ein Verfahren, welches höchsten Anforderungen bezüglich der Verfügbarkeit gerecht wird ist die **Plattenspiegelung**. Hierbei kommt eine Software zum Einsatz,
welche die Steuerung der Speichervorgänge übernimmt. Statt die zu speichernden
Daten nur auf einer Festplatte zu sichern, werden ein oder sogar zwei Sicherungsko-
pien erstellt, welche auf physisch getrennten Platten abgelegt werden.

Der Ausfall einer Festplatte hat somit für den Benutzer des Systems keine Konsequenzen, da ohne Unterbrechung auf eine andere Platte mit denselben Daten zugegriffen werden kann. Die zur Übertragung der Daten vom Hauptspeicher auf die
Festplatten notwendigen Controller sollten ebenfalls redundant ausgelegt werden, da
sie sonst einen Single Point of Failure darstellen würden.

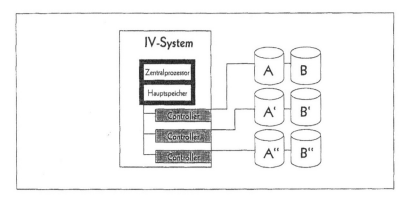

Abbildung 5.1:   Plattenspiegelung mit redundanten Controllern

Da das Handelsgesetzbuch[10] fordert, daß bestimmte kaufmännische Unterlagen, wie
Handelsbücher und Jahresabschlüsse, zehn Jahre lang aufzubewahren sind, ist es
trotz des hohen Schutzes vor einem Datenverlust notwendig, in regelmäßigen Abständen Datensicherungen auf zur Lagerung geeignete Medien durchzuführen. Hier
bieten sich z.B. optische Speicherplatten an. Um einen konsistenten Zustand zu gewährleisten, ist eine Bearbeitung der Daten während der Sicherung nicht möglich.
Verfügt das IV-System jedoch über gespiegelte Platten, kann eine Beeinträchtigung

---

[9] Vgl. HEWLETT-PACKARD [1996a]
[10] HGB [1992, §257]

der Verfügbarkeit vermieden werden. Für die Zeit der Sicherung wird eine Kopie vom Produktivbetrieb getrennt und kann für die Datensicherung genutzt werden. Die Redundanz der Platten ermöglicht einen unterbrechungsfreien Zugang zu allen Daten. Nach dem die Sicherung abgeschlossen ist, wird die Kopie wieder dem aktuellen Stand angepaßt.

5.3.3 Disk Arrays und RAID-Level

Den mit einer hohen Verfügbarkeit verbundenen Anforderungen werden gespiegelte Platten gerecht. Gerade bei größeren Datenvolumina ist die redundante Auslegung der Festplatten aber auch mit hohen Kosten verbunden. Zudem reduziert die Spiegelungssoftware die für Anwendungsaufgaben zur Verfügung stehende Rechenkapazität des Prozessors. Vor diesem Hintergrund wurde 1987 an der Universität von Kalifornien in Berkeley das RAID Konzept entwickelt[11]. Das Akronym RAID steht dabei für Redundant Array of Inexpensive Disks.

Kennzeichnend für ein Disk Array ist die Übernahme der Steuerung aller Speichervorgänge durch die im Controller des Arrays integrierte Management Software. Diese Aufgabenverschiebung erhöht die Leistungsfähigkeit des Gesamtsystems, da die für Anwendungsaufgaben zur Verfügung stehende Rechenkapazität erhöht wird. Die Speicherung der Daten kann nach verschiedenen Arten erfolgen, welche in RAID-Leveln beschrieben werden. Die Zahl der einsetzbaren RAID-Level ist dabei in den letzten Jahren kontinuierlich gestiegen. Offiziell zertifiziert vom RAID Advisory Board sind jedoch bislang nur die RAID-Level 0 bis 5. Die Neuentwicklungen lösen bereits bestehende Verfahren jedoch nicht ab, da sie keine Weiterentwicklungen, sondern neue Techniken der Datenspeicherung darstellen. Auf Grund des geringen Verbreitungsgrades wird nachfolgend auf eine Beschreibung der RAID Level 2 und 4 verzichtet.

Bei **RAID 0** werden die zu speichernden Daten in Blöcke unterteilt, die auf verschiedenen Festplatten abgelegt werden (Striping). Durch parallelen Zugriff können so Schreib-/Leseprozesse schneller durchgeführt werden. Eine redundante Sicherung

---

[11] Zum RAID Konzept vgl. Ewing [1997] und BUCK-EMDEN/GALIMOW [1995, S 50 ff.]

der Daten erfolgt jedoch nicht, somit ist dieses Verfahren wenig geeignet eine hohe Verfügbarkeit zu gewährleisten.

RAID 1 entspricht der Plattenspiegelung. Von den zu speichernden Daten werden Kopien angelegt, wie bei allen RAID-Leveln erfolgt die Steuerung dieser Schreibvorgänge jedoch durch die im Controller integrierte Software. Bei Anwendungen, welche kurze Antwortszeiten und hohe Verfügbarkeit erfordern, kann eine Kombination dieser beiden Verfahren, RAID 0/1, eingesetzt werden.

Mit **RAID 3** steht ein Verfahren zur Verfügung, welches die Gewährleistung einer hohen Verfügbarkeit ermöglicht ohne alle Festplatten redundant auszulegen. Möglich wird dies durch die Bildung von Korrekturdaten, aus denen im Fall eines Ausfalls die verlorengegangenen Daten rekonstruiert werden können. Diese Korrekturdaten werden auf einer Festplatte gespeichert. Durch das Striping der übrigen Daten geht beim Ausfall einer Festplatte immer nur ein Teil der gespeicherten Dateien verloren, was die Rekonstruktion aus den Korrekturdaten erleichtert. Abbildung 5.2 zeigt das Verfahren im Überblick.

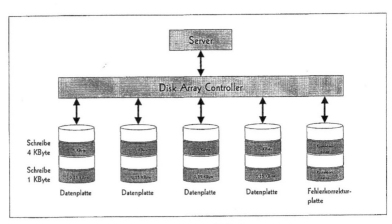

Abbildung 5.2:   RAID 3
(BUCK-EMDEN/GALIMOW [1995, S. xx])

Im Gegensatz zu RAID 3 werden bei **RAID 5** nicht nur die Daten auf verschiedene Platten verteilt, sondern auch die Korrekturdaten. Im übrigen ist es ebenfalls ein Verfahren mit dem eine hohe Verfügbarkeit gewährleistet werden kann, bei im Vergleich zur Plattenspiegelung bzw. RAID 1 geringen Kosten. Während bei gespiegelten Platten jedoch ohne Unterbrechung auch bei einem Defekt auf alle Daten zugegriffen werden kann, muß bei RAID 3 und RAID 5 erst die einen gewissen Zeitraum beanspruchende Rekonstruktion der Daten durchgeführt werden. Diese Zeitspanne wird zum einen durch die Menge der zu rekonstruierenden Daten und zum anderen durch die von Hersteller zu Hersteller unterschiedlich performante Management Software beeinflußt.

Unabhängig vom eingesetzten RAID Level ist der Austausch einer kaputten Festplatte auch im laufenden Betrieb möglich. Durch den Einbau von Ersatzplatten, den sogenannten Spare Disks, kann bei einem Defekt mit der Rekonstruktion bzw. Spiegelung der Daten auf die neue Platte sofort begonnen werden. Die beschädigte Festplatte kann dann im laufenden Betrieb entnommen werden und an ihrer Stelle wird eine neue Spare Disk eingebaut.

Bei **AutoRAID Systemen** handelt es sich um eine sehr junge Technologie mit der versucht wird, die Vorteile der verschiedenen RAID Level miteinander zu verknüpfen. Die Entscheidung, welcher RAID Level eingesetzt wird, trifft der AutoRAID Controller. Daten, auf die häufig zugegriffen wird, werden zur Ausnutzung der hohen I/O-Performance in RAID 0/1 abgespeichert. Alle anderen werden mit RAID 5 gesichert, um so die Anzahl der notwendigen Festplatten zu reduzieren.

5.4 Cluster-Lösungen

5.4.1 Die Client/Server-Architektur als Grundlage von Cluster-Lösungen

Eine IV-Systeme charakterisierende Eigenschaft ist die Fähigkeit der Verarbeitung von Informationen[12]. Jede Einschränkung dieser Eigenschaft wirkt sich negativ auf die Verfügbarkeit des IV-Systems aus. Den Hard- und Softwarekomponenten, welche für die Bearbeitung der vom Benutzer initiierten Aufträge benötigt werden, dem eigentlichen „Motor" des Systems, gebührt deshalb eine hohe Aufmerksamkeit. Zu diesen Komponenten, welche alle als kritische Erfolgsfaktoren bezeichnet werden können, gehören vor allem Prozessoren, Hauptspeicher und die für System- und Anwendungsprozesse notwendige Software.

In den vergangenen Jahren konnte dabei ein Trend beobachtet werden, die zur Verarbeitung aller anfallenden Aufträge notwendige Rechenkapazität nicht mehr von einem Großrechner (Mainframe) bereitstellen zu lassen, sondern mehrere kleinere Systeme zu installieren, welche über Netzwerke interagieren. Rechner, welche bei dieser Interaktion für andere Systeme Dienstleistungen erbringen, werden dabei als Server bezeichnet. Bei den Auftraggebern wird von Clients gesprochen[13]. Diese Form der Hardwarekonfiguration wird deshalb auch als Client/Server-Architektur bezeichnet. Dabei ist zu beachten, daß ein Server auch gleichzeitig Client sein kann und vice versa. So haben die Applikationsrechner in Abbildung 5.3 gegenüber den PC's eine Server- und gegenüber dem Datenbankrechner eine Client-Funktion.

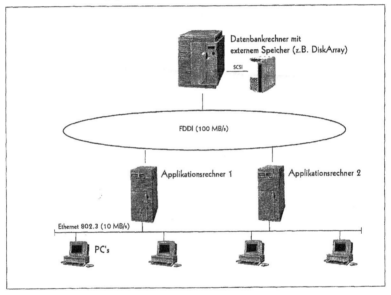

Abbildung 5.3:   Client/Server-Architektur

Die zwei größten Ängste der IT-Verantwortlichen in Unternehmen sind der Ausfall der IV-Systeme und der Erfolg der IV-Systeme[14]. Bei einem Ausfall werden sie (erwartungsgemäß) mit Beschwerden überhäuft. Je besser ein IV-System jedoch den Anforderungen der Benutzer gerecht wird, desto stärker wird es in aller Regel in Anspruch genommen. Dies führt schnell dazu, daß zur Aufrechterhaltung anforderungs-

---

[12] Vgl. 2.1.
[13] SCHWARZE [1994, S. 85 f.].
[14] Vgl. MICROSOFT [1995, S. 3].

gerechter Antwortzeiten die Verarbeitungskapazitäten erhöht werden müssen. Die Client/Server-Architektur zeichnet sich durch eine hohe Skalierbarkeit aus, die eine solche Ausweitung problemlos erlaubt. So könnte man in der Konfiguration der Abbildung 5.3 einen weiteren Applikationsrechner hinzufügen, ohne die anderen notwendigerweise abschalten zu müssen. Eine Beeinträchtigung der Verfügbarkeit durch die mit der Implementation neuer Rechner verbundene Installationsarbeit kann deshalb mit dieser Architektur vermieden werden.

5.4.2 Grundprinzip

Wie bereits in den vorangegangenen Abschnitten und Kapiteln beschrieben, kann eine hohe Verfügbarkeit am besten gewährleistet werden, wenn möglichst viele Single Points of Failure vermieden werden. Einen solchen SPOF stellt natürlich auch jeder Rechner dar, dessen Tätigkeit bei einem Ausfall nicht von einem anderen übernommen werden würde. Bei einem Ausfall des Datenbankrechners in Abbildung 5.3 wäre ein Zugriff auf die Datenbank nicht mehr möglich.

Die Applikationsrechner sind zwar redundant ausgelegt, bei einem Ausfall wäre jedoch der aktuell in Bearbeitung befindliche Vorgang verloren. Die angeschlossenen Clients müßten außerdem auf den anderen Applikationsrechner umgeleitet werden, was dort zu einer Erhöhung der Antwortzeiten führen würde. Diese zeitbeanspruchenden und mit Datenverlusten verbundenen Vorgänge vermindern die Verfügbarkeit des IV-Systems.

Eine Lösung für diese Problematik findet sich in der Cluster-Technologie. Bei einem Cluster handelt es sich um mehrere Maschinen[15] (diese werden als Knoten bezeichnet), welche über Netzwerke miteinander verbunden sind. Fällt einer der Rechner aus, übernehmen automatisch die anderen seine Aufgaben, inklusive der im Moment des Ausfalls bearbeiteten. Die Steuerung dieser Übernahme, welche, abhängig von der Komplexität der Anwendungen, meist nach wenigen Sekunden abgeschlossen ist, wird von einer Cluster-Software übernommen. Ein solcher Cluster besteht mindestens aus zwei, kann aber auch aus bis zu zwölf Maschinen bestehen.

---

[15] Zu den folgenden Ausführungen vgl. KURI [1997, S. 260 ff.].

Um den durch einen Defekt in einer wesentlichen Komponente, wie Prozessor oder Hauptspeicher, hervorgerufenen Ausfall eines Rechners möglichst schnell zu erkennen, stehen alle Knoten eines Clusters in permanenter Verbindung. Die zuverlässig arbeitenden Systeme senden in regelmäßigen Abständen kurze, als Heartbeat bezeichnete Signale. Der Ausfall eines Knotens wird durch den nicht gesendeten Heartbeat identifiziert. Da ein Ausfall der Netzwerkverbindung die Übermittlung unterbrechen und somit die Übernahmeprozesse initiieren würde, obwohl kein Knoten ausgefallen ist, sollte auch diese redundant ausgelegt sein.

Voraussetzung für die Zusammenfassung verschiedener Knoten in einem Cluster ist die Existenz von externen Speichersystemen, wie z.B. einem Disk Array, auf die alle Rechner zugreifen können. Neben den Nutzdaten werden dort fortlaufend Informationen über die aktuell in Bearbeitung befindlichen Prozesse gespeichert, welche notwendig sind, um die weitere Bearbeitung bei einem Ausfall übernehmen zu können. Der Vermeidung von Dateninkonsistenzen, welche durch parallele Zugriffe auf die selben Daten entstehen können, kommt dabei besondere Bedeutung zu. Die Cluster-Software ist deshalb auch für die Vergabe von Schreib- und Leserechten zuständig.

5.4.3 Ausprägungsarten

Zwar erhöht der Einsatz eines Clusters immer die Verfügbarkeit des Systems, der durch den Einsatz dieser Technologie erreichbare Grad ist jedoch abhängig von der bei der Konfiguration gewählten Strategie. Diese sollte sich an dem als optimal bestimmten Verfügbarkeitsgrad orientieren.

In Situationen, bei denen eine Absicherung gegen Systemausfälle zwar notwendig ist, vor dem Hintergrund damit verbundener Kosten jedoch nur bis zu einem bestimmten Punkt erfolgen soll, kann ein **kaskadierter Cluster** zum Einsatz kommen. Hierbei werden Rechner mit unterschiedlichen Hardwareausstattungen zusammengeschlossen. Der als Single Point of Failure erkannte Datenbankrechner in Abbildung 5.3 könnte beispielsweise, wie in Abbildung 5.4 durch einen der beiden Applikationsrechner abgesichert werden. Ohne Installation eines reinen Backup-Systems stehen so die Funktionalitäten des IV-Systems auch nach einem Ausfall des Datenbankrechners noch zur Verfügung.

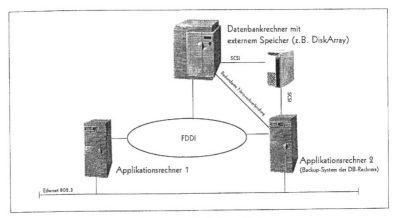

Abbildung 5.4:   Kaskadierter Cluster

Bedingt durch die leistungsschwächere Hardwareausstattung des Applikationsrech-
ners werden sich die Antwortzeiten des Systems jedoch erhöhen. Nach Re-
Aktivierung des Datenbankrechners gehen die Aufgaben wieder auf ihn über. Ein
kaskadierter Cluster hat deshalb neben der eingeschränkten Performance den Nach-
teil, daß der Übernahmeprozeß bei einem Ausfall zweimal durchgeführt werden
muß, wodurch die Verfügbarkeit einige Sekunden eingeschränkt wird.

Die Nachteile des kaskadierten Clusters können mit einem **rotierenden Cluster** um-
gangen werden. Dabei verfügen alle Knoten über die gleichen Leistungsmerkmale.
Fällt ein Knoten aus, werden dessen Aufgaben von einem dedizierten Backup-
Rechner übernommen, der diese behält bis er selber ausfällt. Eine Absicherung des
Datenbankrechners durch einen rotierenden Cluster veranschaulicht Abbildung 5.5.

Nach Wiederherstellung der Betriebsbereitschaft des ausgefallenen Systems kann der
dann als Backup-Rechner fungierende Knoten bei der Bearbeitung von unkritischen
Aufgaben eingesetzt werden. Durch die Nutzung dieser sonst bis zum nächsten Ausfall brachliegenden Ressourcen kann eine zusätzliche Steigerung der Produktivität
und somit der Wirtschaftlichkeit des gesamten Systems erreicht werden.

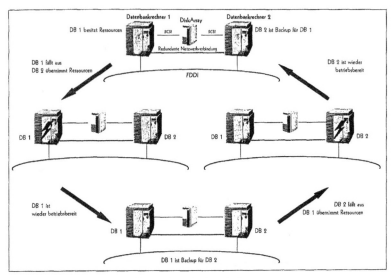

Abbildung 5.5:   Rotierender Cluster
(In Anlehnung an KURI [1997, S. 262])

5.4.4 Die Funktionsweise der Cluster-Software

Der Gedanke, Rechner, die einen Single Point of Failure darstellen, durch redundante Auslegung abzusichern, erscheint naheliegend. Da jedoch, wie oben beschrieben, nicht nur die zukünftigen, sondern auch die aktuellen Prozesse übernommen werden sollen, ohne die Systemverfügbarkeit für den Benutzer einzuschränken oder die Datenkonsistenz zu gefährden, kommt der die Steuerung übernehmende Cluster-Software besondere Bedeutung zu. Das Angebot der am Markt verfügbaren Lösungen hat in den vergangenen Jahren stetig zugenommen und deckt die verschiedenen Plattformen (Mainframe, Unix- und Intel-Server) ab. Die Anbieter kommen aus den Bereichen Hardware, Software und Netzwerktechnologie.

Die Cluster-Software überwacht permanent die Integrität aller im Cluster zusammengeschlossene Systeme mit dem Ziel, die Auswirkungen von Störungen auf ein Minimum zu reduzieren[16]. Zu den überwachten Komponenten gehören

- Systemprozessoren,

---

[16] Vgl. HEWLETT-PACKARD [1996b].

- Systemspeicher,

- LAN-Medien und –Adapter sowie

- Systemprozesse und Anwendungsprozesse.

Die für die Bearbeitung eines Prozesses notwendigen Ressourcen, bestehend aus Verarbeitungs- und Speicherkapazitäten, Nutz- und Steuerdaten, werden in sogenannten Anwendungspaketen zusammengefaßt. Diese Anwendungspakete werden von der Cluster-Software überwacht und verwaltet. Bei Ausfall eines Rechners werden die von ihm bearbeiteten Anwendungspakete auf andere Knoten übertragen. Während in „normalen" Hardware-Konfigurationen jeder Rechner über eine ihn genau identifzierende IP-Adresse verfügt, über die eine Verbindung zu ihm hergestellt werden kann, werden bei einer Cluster-Lösung nicht den Rechnern, sondern den Anwendungspaketen IP-Adressen zugewiesen[17]. Somit ist es für die Clients nicht notwendig, eine Verbindung zu einer neuen Adresse aufzubauen, um den Kontakt zum Anwendungspaket aufrechtzuerhalten. Diese Verschiebung der Anwendungspakete durch die Cluster-Software kann selbstverständlich auch eingesetzt werden, wenn planmäßige Wartungsarbeiten an einem System durchzuführen sind.

5.5 Ressourcen-Management

Die bei der Entwicklung neuer Prozessoren erreichte exponentielle Steigerung der Leistungsfähigkeit hat dazu geführt, daß von einem Server gleichzeitig mehrere Programme bearbeitet werden können, die wiederum gleichzeitig von mehreren Clients benutzt werden. Diese prinzipiell positiv zu beurteilende Entwicklung führt jedoch zu Problemen, wenn zufällig oder durch die Koinzidenz verschiedener Ursachen überdurchschnittlich viele Benutzer den Rechner mit überdurchschnittlich rechenintensiven Aufgaben belasten. Eine solche Situation führt im günstigsten Fall zu einer Erhöhung der Reaktionszeiten, häufig zu einem Absturz einzelner Bearbeitungsvorgänge oder ganzer Programme, immer jedoch zu einer Einschränkung der Verfügbarkeit des IV-Systems.

Einer dauerhaften Überlastung der IT-Infrastruktur kann entweder mit einer Systemerweiterung oder mit einer Herabsetzung der Ansprüche begegnet werden. Tritt die

Überbelastung nur in einem begrenzten Zeitraum auf, ist eine Erweiterung der Hardware nicht zwingend erforderlich. Die einzelnen vom System zu bewältigenden Prozesse, die in ihrer Summe die insgesamt zu bewältigende Arbeitsbelastung (engl.: workload) ergeben, werden hinsichtlich ihrer Dringlichkeit und der zu ihrer Bearbeitung notwendigen Systemressourcen untersucht. Die zur Verfügung stehenden Ressourcen werden dann so verteilt, daß die unternehmenskritischen Prozesse möglichst ohne jede Einschränkung bearbeitet werden können, während niedriger priorisierte Vorgänge geringere Kapazitäten zugewiesen bekommen bzw. deren Bearbeitung in spätere Zeiträume verlagert wird.

Die Steuerung dieser als **Workload Management** bezeichneten Ressourcenallokation übernehmen Softwarelösungen wie „AutoSys for SAP R/3" von OMEGAVISION, „HP Process Resource Manager" von HEWLETT-PACKARD oder „Workload Balancing" von APPWORX. Sie ermöglichen es, bestimmten Applikationen oder Benutzergruppen a priori mehr Systemressourcen in Form von Prozessorleistung und/oder belegbarem Hauptspeicher zuzuweisen[18]. Anwendungen mit geringerer Dringlichkeit können in eine Warteschlange eingereiht werden, die nachts oder am Wochenende bearbeitet wird.

Die Steuerung erfolgt dabei für die gesamte Umgebung von einem Rechner aus, da eine gleichmäßige Auslastung der Kapazitäten sonst nicht möglich wäre. Der Status der verschiedenen Prozesse kann laufend überprüft und die Prioritäten auch während der Bearbeitung verändert werden. Die Bildschirmmaske in Abbildung 5.6 bietet einen schnellen Überblick über die angeschlossenen Knoten sowie die zu bearbeitenden Prozesse.

---

[17] Eine Erläuterung der IP-Adreßstruktur findet sich bei GLASER/HEIN/VOGEL [1994, S. 126 ff.].
[18] Vgl. HEWLETT-PACKARD [1996C].

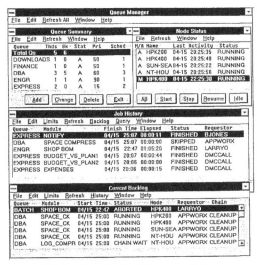

Abbildung 5.6:   Workload Management Software

(APPWORX [1997])

5.6 Netzwerk-Management

Die Bedeutung, der sich aus Komponenten wie Prozessoren und Hauptspeichergröße ergebende Verarbeitungskapazität der verschiedenen Knoten für die Leistungsfähigkeit des gesamten IV-Systems ist evident. Diese Ressourcen können jedoch nur genutzt werden, wenn Verbindungen zwischen den Rechnern bestehen, die eine Übertragung der Daten ermöglichen. In Fortführung der Analogie aus Abschnitt 5.3 würde das Netzwerk dann den Achsen eines Autos entsprechen, welche die Kraft des Motors (der Server) auf die Reifen (den Clients) übertragen.

Für den möglichst reibungslosen Betrieb des Netzes an sich, sowie für die Fehlersuche, Konfigurationsverwaltung und Planung des Netzes ist das Netzwerk-Management zuständig[19]. Besonders in Client/Server-Umgebungen, bei denen sich die zur Verfügung stehenden Kapazitäten auf verschiedene Knoten verteilen, muß das Netzwerk als kritische Ressource angesehen werden, die maßgeblichen Einfluß auf die Verfügbarkeit des Gesamtsystems hat.

Zu den wichtigsten Zielen, welche vom Netzwerk-Management verfolgt werden sollten, gehören:

1. Gewährleistung einer hohen Verfügbarkeit des Netzwerkes,
2. Einsatz von Netzwerktechnologien, welche einen den Anforderungen genügenden Datendurchsatz ermöglichen,
3. Nutzung von Verfahren zur einfachen Einbindung neuer Knoten oder Netzabschnitte.

Die Gewährleistung einer hohen Verfügbarkeit kann erreicht werden durch die Identifizierung und Eliminierung der vorhandenen Single Points of Failure. Dazu gehören Netzwerkkarten ebenso wie die Kabel oder Komponenten wie Hubs, Bridges, Router oder Gateways[20].

Bei der Wahl der Netzwerktechnologie kommt den Reaktionszeiten, welche nicht überschritten werden dürfen, hohe Bedeutung zu. Gerade in Client/Server-Umgebungen, bei denen die verschiedenen Knoten über weite Strecken verteilt sind[21], werden diese neben der Verarbeitungsgeschwindigkeit der Rechner zunehmend auch durch die Übertragungsraten des gewählten Netzes beeinflußt. In lokalen Netzen reichen die Übertragungsgeschwindigkeiten von 10 MB/s (Ethernet 802.3) bis zu 100 MB/s (FDDI, FastEthernet). Müssen weitere Entfernungen überbrückt werden, können, je nach Datenübertragungsnetz, Übertragungsraten von bis zu 64 Kbps (ISDN) erzielt werden[22]. Neben den Datenübertragungsraten sind bei der Auswahl jedoch auch die, mit einer bestimmten Technik verbundenen Kosten zu berücksichtigen. Die Verlegung von Glasfaserkabeln in einer FDDI-Umgebung ermöglicht zwar höhere Übertragungsraten, verursacht aber auch deutlich höhere Kosten als die Kupferkabel eines Ethernet 802.3 Netzwerkes.

Um die mit der skalierbaren Client/Server-Architektur verbundene Flexibilität nutzen zu können, muß eine Netztopologie gewählt werden, bei der mit möglichst geringem Aufwand neue Rechner an das Netzwerk angeschlossen werden können. Diesen Forderungen kann im Bereich der lokalen Verkabelung mit einer Baumtopologie vom

---

[19] Zu den folgenden Ausführungen vgl. KAUFFELS [1995].
[20] Eine Erläuterung der Aufgaben dieser Produkte findet sich bei BUCK-EMDEN/GALIMOW [1995, S. 58].
[21] Das größte private Netzwerk der Welt, das Intranet der Firma HEWLETT-PACKARD, umspannt den ganzen Globus.

Typ 10Base-T LAN begegnet werden. Abbildung5.3 verdeutlicht den Aufbau eines Netzwerkes bei dem die unternehmenskritischen Anwendungen, welche auf den Clients 2.1.1 und 2.1.2 bearbeitet werden, auch nach dem Ausfall einer Netzwerkkomponente noch verfügbar sind. Bei einem Defekt des Kabelsegments zwischen Hub 1.1 und Hub 2.1 kann über die redundante Verbindung weiterhin auf den Server zugegriffen werden.

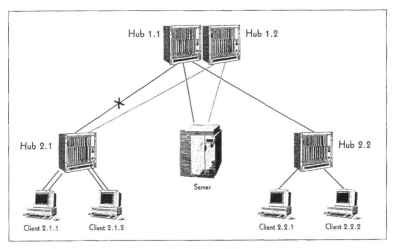

Abbildung 5.7:   10Base-T Netzwerk

Das Netzwerk-Management kann durch den Einsatz entsprechender Software-Lösungen stark vereinfacht werden. Diese unterstützen den Netzwerk Administrator zum einen bei der Einbindung neuer Systeme, wo sie die Vergabe der notwendigen Adressen übernehmen. Zum anderen kontrollieren sie permanent den zuverlässigen Betrieb. Fällt eine Komponente aus, erhält der Administrator eine Nachricht vom System. Bestehen redundante Verbindungen, übernimmt die Management Software auch die Umleitung der Datenströme auf entsprechende Ausweichkanäle.

---

[22] Zu den Kommunikationsdiensten vgl. SCHWARZE [1994, S.127 ff.].

6 Vorbereitende und begleitende Maßnahmen zur Sicherung der Verfügbarkeit

6.1 Einführung

Durch die konsequente Nutzung der zur Verfügung stehenden Techniken ist es möglich, ein IV-System nahezu vollständig gegen die mit dem Betrieb von elektronischen Geräten verbundenen Risiken abzusichern. Dies allein genügt jedoch nicht, um den mit dem Betrieb des IV-Systems verbundenen Anforderungen, auch und gerade bezüglich der Verfügbarkeit, gerecht zu werden.

Genau wie die Existenz eines Autos nicht genügt, um von A nach B zu kommen, wenn niemand sich auf die Technik der Fahrzeugführung versteht oder keine Straßen vorhanden sind, so ist der Erfolg des Einsatzes von Hardware, Software und Netzwerktechnik abhängig von bestimmten Rahmenbedingungen, die mit gleicher Aufmerksamkeit beachtet werden müssen. Hierzu zählen die im Bereich des Qualitätsmanagements anfallenden Aufgaben (vgl. 6.2). Da eine redundante Auslegung aller Komponenten keinen Schutz vor Katastrophen, wie Feuer oder Hochwasser bietet, sollte als eine Art Pannendienst ein Katastrophenmanagement betrieben werden (vgl. 6.3).

6.2 Qualitätsmanagement

6.2.1 Grundlagen

Die Installation einer den Anforderungen genügenden Informationsinfrastruktur ist notwendige Bedingung für die Gewährleistung einer optimalen Verfügbarkeit, eine hinreichende Bedingung ist sie jedoch nicht. Der Betrieb eines IV-Systems muß immer auch begleitet werden von einem Qualitätsmanagement, welches die Verantwortung für die Güte der erzielten Ergebnisse übernimmt, denn „Qualität ist nicht alles, aber ohne Qualität ist alles nichts[1]".

Das Deutsche Institut für Normung definiert Qualität als die Gesamtheit von Merkmalen (und Merkmalswerten) einer Einheit bezüglich ihrer Eignung, festgelegte und vorausgesetzte Erfordernisse zu erfüllen[2]. Aufgabe des Qualitätsmanagements ist es, ein Rahmenkonzept für die Qualitätssicherung der Informationsinfrastruktur zu entwickeln, welches geeignet ist, die in einem ersten Schritt definierten Qualitätsziele zu erfüllen[3]. Dabei umfaßt die Qualitätssicherung nicht mehr nur die Kontrolle fertiger Produkte und Dienstleistungen, wie es in früheren Jahren üblich war, sondern begleitet alle im Unternehmen ablaufenden Prozesse, um bei Fehlentwicklungen möglichst frühzeitig eingreifen zu können. Die Elemente eines Qualitätssicherungssystems zeigt Abbildung 6.1.

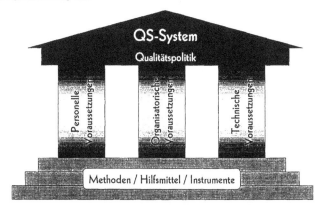

Abbildung 6.1:   Qualitätssicherungs-System
(PFEIFER [1993, S. 343])

Da die technischen Voraussetzungen bereits in Kapitel 5 behandelt wurden, soll im folgenden das Augenmerk auf die personellen und organisatorischen Voraussetzungen gerichtet werden. Bedingt durch die Komplexität der Thematik kann dabei kein Anspruch auf Vollständigkeit erhoben werden. Ziel ist vielmehr die Sensibilisierung des Lesers für Bereiche, deren Beachtung für die Gewährleistung einer optimalen Verfügbarkeit von nicht minder großer Bedeutung, wie die eingesetzte Technik ist.

---

[1] PFEIFER [1993, S. 17]
[2] Vgl. DGQ [1996, S. 9]
[3] Vgl. HEINRICH [1992, S. 82]

6.2.2 Personal

Die Existenz von Produkten und Verfahren, welche einen zuverlässigen, und daraus resultierend hochverfügbaren Systembetrieb ermöglichen, ist bedeutungslos, wenn es keine Menschen gibt, die sich auf deren Einsatz verstehen. Zur Gewährleistung einer optimalen Verfügbarkeit müssen deshalb die für den Betrieb des IV-Systems verantwortlichen Mitarbeiter, die Techniker und System-Administratoren, in quantitativer und qualitativer Hinsicht den mit dem Betrieb verbundenen Anforderungen gerecht werden[4]. Dies wird als personelle Durchführbarkeit bezeichnet[5].

Da die Ausgestaltung der Informationsinfrastruktur sich fortwährend verändert, ist die Sicherung der qualitativen Eigenschaften ein fortlaufender Prozeß[6]. Im Rahmen einer entsprechenden Ausbildung werden jene Kenntnisse und Fähigkeiten vermittelt, welche für die erstmalige Ausübung einer Tätigkeit notwendig sind. Dieses Wissen wird dann durch Weiterbildungsmaßnahmen immer wieder aufgefrischt und den veränderten Bedingungen angepaßt.

Positiven Einfluß auf die Qualität der Mitarbeitertätigkeiten haben außerdem Maßnahmen, welche die Motivation der Mitarbeiter erhöhen. Dies kann beispielsweise geschehen, indem sie regelmäßig über angestrebte Ziele und erreichte Ergebnisse informiert werden.

Um den quantitativen Anforderungen zu genügen, kann die Zahl der Mitarbeiter mittels Personalbeschaffung und Personalfreistellung variiert werden. Gerade Organisationen, deren Tätigkeit nicht im Umfeld der Informationstechnologie angesiedelt ist, nutzen die Möglichkeit, die zu erbringenden Leistungen ganz oder teilweise an andere Unternehmen zu übertragen. Die Attraktivität eines partiellen oder totalen Outsourcing des Systembetriebs steigt mit der Komplexität des IV-Systems und der Anzahl der unternehmenskritischen Anwendungen. Neben den Hard- und Softwareherstellern hat dabei vor allem die Bedeutung reiner Beratungsunternehmen, wie z.B. debis und EDS, bei der Erbringung dieser Dienstleistungen zugenommen.

---

[4] Zu den personellen und organisatorischen Voraussetzungen vgl. PFEIFER [1993, S. 344]
[5] SCHWARZE [1994, S. 258]
[6] Zu den Formen der betrieblichen Ausbildung vgl. KUPSCH/MARR [19xx, S. 869].

Bei einem totalen Outsourcing wird die Sicherung der personellen Durchführbarkeit vollständig an das entsprechende Dienstleistungsunternehmen übergeben.

6.2.3 Organisation

Neben der Qualifikation der Mitarbeiter, kommt bei der Durchführung der zur Sicherung des Systembetriebs notwendigen Maßnahmen vor allem den organisatorischen Regeln und Strukturen eine hohe Bedeutung zu.

Um das Rad bei der Bewältigung einer bestimmten, in regelmäßigen Abständen anfallenden Aufgabe nicht ständig wieder neu erfinden zu müssen, sollten die zur Durchführung einer Aufgabe notwendigen Verfahrensschritte klar definiert werden. Verantwortlichkeiten und Kompetenzen müssen eindeutig festgelegt, und die betroffenen Personen über die für sie relevanten organisatorischen Regeln informiert werden.

Ziel ist es, die zur Durchführung einer Maßnahme notwendige Zeit zu reduzieren und die Wahrscheinlichkeit, eines durch menschliche Einflußnahme hervorgerufenen Fehlers zu minimieren. Aufgaben, deren Bewältigung durch entsprechende organisatorische Regelungen vereinfacht werden können sind beispielsweise:

- Datensicherungen,
- Wartungsarbeiten,
- Einspielungen neuer Software.

Besondere Bedeutung kommt dabei der Dokumentation zu. Die Standardisierung von Prozessen, die Bestimmung von Zuständigkeiten und Schaffung von organisatorischen Regeln ist ohne Dokumentation nicht denkbar.

6.2.4 Dokumentation

Ein Instrument, welches erforderlich ist, um die Gestaltung von organisatorischen Rahmenbedingungen zu ermöglichen, ist die Dokumentation. Ihre Qualität hat maßgeblichen Einfluß auf die Effizienz der Durchführung von Maßnahmen zur Sicherung oder Wiederherstellung der Verfügbarkeit von IV-Systemen.

Allgemein kann eine Beurteilung der Dokumentationsqualität vorgenommen werden, indem überprüft wird, wieweit sie den folgenden Forderungen gerecht wird[7]:

- Dokumente müssen auf den jeweiligen Adressaten zugeschnitten sein.
- Dokumente müssen dem geforderten Zweck gerecht werden bzw. das angestrebte Ziel erfüllen.
- Der Inhalt des Dokuments muß den Aufgaben entsprechend gewählt werden.
- Die Form des Dokuments muß dem Inhalt und den Aufgaben angepaßt sein.
- Der Inhalt muß den Aufgaben und Adressaten angepaßt formuliert dargeboten werden.
- Der Inhalt eines Dokuments muß didaktisch-methodisch so aufgebaut sein, daß es die Aufgabenerfüllung optimal unterstützt.
- Dokumente müssen in Abhängigkeit von Aufgaben und Inhalt zum richtigen Zeitpunkt fertiggestellt sein.
- Dokumente müssen im Umfang ihren Aufgaben und ihrem Inhalt entsprechen.

Zu den Informationen, deren Dokumentation wichtig für Wartung, Reparatur und Pflege des IV-Systems ist, gehören:

- Änderungen der Hard- und Softwarekonfiguration,
- in der Vergangenheit aufgetretene Fehler, ihre Ursachen und Konsequenzen,
- Zuständigkeiten und Verantwortungsbereiche der Systembetreuer,
- standardisierte Verfahren (z.B. Hardwarewartung, Datensicherung).

Die Dokumentation von am System vorgenommenen Eingriffen sollte unter Angabe von Datum und Zeit erfolgen. Um einen schnellen Überblick zu ermöglichen, ist es bei größeren Systemen häufig sinnvoll, Wartungs-, Konfigurations- und Fehlerdokumentation getrennt zu pflegen.

Zur Sicherung der regelmäßigen Aktualisierung empfiehlt sich der Einsatz einer Software, die an Hard- oder Software vorgenommenen Eingriffe dokumentiert.

---

[7] BALZERT [1982, S. 49 ff.].

6.3 Katastrophenmanagement[8]

6.3.1 Grundlagen

Die konsequente Anwendung der in den vorangegangenen Kapiteln beschriebenen Techniken und Methoden ist für die Gewährleistung einer optimalen Verfügbarkeit unabdingbar. Schutz vor einem durch eine Katastrophe hervorgerufenen Totalausfall des IV-Systems bieten sie jedoch nicht.

Als Katastrophe werden Ereignisse bezeichnet, deren Eintrittswahrscheinlichkeit zwar gering, die sich aus den Folgen ergebende Schadenshöhe jedoch hoch ist. Die geschätzte Eintrittswahrscheinlichkeit der Schadensursachen ist dabei abhängig vom Einsatzort des IV-Systems. Eine Beschädigung oder Vernichtung kann hervorgerufen werden durch:

➢ Naturkatastrophen, wie

- Überschwemmungen,
- Erdbeben,
- Wirbelstürme.

➢ Deliktische Handlungen, wie

- Vandalismus,
- Terrorismus,
- Sabotage.

➢ Unfälle, wie

- Flugzeugabstürze,
- Gasexposionen.

Die Vielfältigkeit der möglichen Schadensursachen macht es erforderlich, die Planung von Maßnahmen in ein mehrstufiges Sicherheitskonzept einzubetten, welches aus den Phasen Risikoaufnahme, Risikobewertung und Maßnahmenplanung bestehen sollte[9]. Die Erstellung einer Kosten-Nutzen-Analyse ist dabei wichtiges Instrument bei der Auswahl der abzusichernden Risiken.

---

[8] Zum folgenden Abschnitt vgl. HEINRICH [1992, S. 233 ff.].
[9] Vgl. HEWLETT-PACKARD [1994, S. 3].

Wie bei allen Maßnahmen, die ergriffen werden, um die Verfügbarkeit eines IV-Systems zu gewährleisten, kann auch beim Katastrophenmanagement das optimale Sicherheitsniveau nur situationsbezogen ermittelt werden. Wurde auf eine Absicherung jedoch vollständig verzichtet, kann ein durch eine Katastrophe hervorgerufener Totalausfall der EDV innerhalb weniger Tage das Schicksal einer Organisation besiegeln. Ziel muß es deshalb sein, den für die Beschaffung neuer Verarbeitungskapazitäten nach einer Katastrophe benötigten Zeitraum unter die Zeitraum zu bringen, welchen ein Unternehmen ohne Systembetrieb überstehen kann.

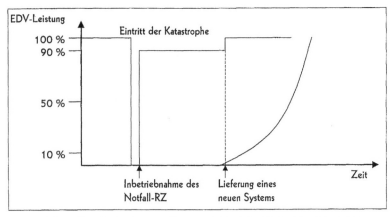

Abbildung 6.2:   Die Leistung eines IV-Systems mit und ohne Katastrophenmanagement

(Vgl. HEWLETT-PACKARD [1994, S. 2])

Ist die für eine Organisation ohne IV-System überbrückbare Zeitspanne geringer als die Lieferzeit für ein neues System, kann die Existenz eines Notfall-Rechenzentrums überlebenswichtig sein (vgl. Abbildung 6.2).

6.3.2 Maßnahmen zur Vermeidung einer Katastrophe

Ein erfolgreiches Katastrophenmanagement zeichnet sich dadurch aus, nicht nur nachträglich korrigierend zu wirken, sondern durch proaktive Schutzmaßnahmen das Auftreten bestimmter Katastrophen zu verhindern.

Diese Maßnahmen können in vier Bereiche unterteilt werden[10]:

- Objektschutz,

- Hardwareschutz,

- Softwareschutz und

- Datenschutz.

Der Objektschutz wird vor allem zur Verhinderung deliktischer Handlungen eingesetzt. Ziel ist es, die Informationsinfrastruktur vor unbefugtem Zugriff zu schützen. Neben der Installation von Alarmanlagen und Bewegungsmeldern empfiehlt sich der Einsatz eines Zugangs- und Kontrollsystems. Diese ermöglichen einen Zugang zu den gesicherten Bereichen erst nach Eingabe einer Zahlenkombination oder dem Lesen einer Magnetkarte.

Zu einer Beschädigung oder Zerstörung der Hardware kann es nicht nur durch im Systembetrieb aufgetretene Fehlfunktionen kommen, häufig werden diese durch Umwelteinflüsse bewirkt. Neben der bereits in Kapitel 5 beschriebenen Gefährdung der Systemverfügbarkeit durch Stromschwankungen oder -ausfall gibt es weitere, potentielle Schadensursachen, die eine Absicherung erfordern. Bedingt durch die geringe thermische Belastbarkeit der Bauelemente eines IV-Systems, sollte die Gefährdung durch Feuer mittels eines effizienten Brandschutzes weitestgehend miniert werden. Zudem ist die Installation klimatechnischer Geräte empfehlenswert, welche Temperatur und Luftfeuchtigkeit in einem für den Betrieb optimalen Bereich halten. Häufig werden Ausfälle durch Wasserschäden verursacht, hervorgerufen durch Hochwasserkatastrophen, defekte Rohrleitungen oder Pumpen. Die Rechnerräume sollten sich deshalb oberhalb des Grundstücksniveaus befinden und nicht in unmittelbarer Nähe zu den Hauptwasserleitungen liegen, ggf. empfiehlt sich der Einbau entsprechender Warnsysteme und Absaugpumpen.

Ziel des Softwareschutzes ist es, die Nutzung der Software nur einem genau bestimmten Anwenderkreis zu ermöglichen. Dabei wird der Softwareschutz durch den Objektschutz unterstützt. Ein Zugriff ist den Anwendern nur nach Anmeldung im

---

[10] Zum folgenden Abschnitt vgl. HEINRICH/LEHNER/ROITHMAYR [1990, S. 371 ff.].

System durch Eingabe von Benutzernamen und Paßwort möglich, je nach Software werden dann alle oder nur bestimmte Daten und Funktionalitäten freigegeben[11].

Die verschiedenen Möglichkeiten des Bestandsschutzes von Daten wurden bereits in Kapitel 5 beschrieben. Darüberhinaus können Maßnahmen zum Schutz der Daten vor Fehleingaben ergriffen werden. Dies kann durch Plausibilitätskontrollen erfolgen, welche überprüfen, ob eingegebene Daten innerhalb des zuständigen Wertebereiches liegen. Eine ungewollte Auslösung weitreichender Transaktionen kann vermieden werden, indem die Bestätigung das gleichzeitige Drücken mehrerer bestimmter Tasten erfordert.

6.3.3 Maßnahmen zur Wiederaufnahme des Systembetriebs nach einer Katastrophe

Auch das beste proaktive Katastrophenmanagement ist nicht in der Lage, einen Totalausfall nach einem Flugzeugabsturz oder einem schweren Erdbeben zu verhindern. Damit die Kontinuität der Geschäftstätigkeit durch einen solchen Zwischenfall nur möglichst kurz unterbrochen wird, muß ein Notfallprogramm erarbeitet werden, indem alle Maßnahmen zur Wiederherstellung der Informationsversorgung enthalten sind.

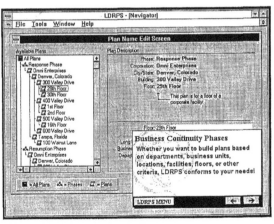

Abbildung 6.3:   Wiederanlaufplanung

(STROHL SYSTEMS [1997])

---

[11] Zum Berechtigungskonzept im SAP System R/3 vgl. BUCK-EMDEN/GALIMOW [1995, S. 124 f.].

Um die Planung und vor allem auch die Ausführung möglichst strukturiert zu gestalten, empfiehlt sich der Einsatz einer Software für die Wiederanlaufplanung. Dieser kann im Ernstfall für jeden einzelnen Unternehmensbereich entnommen werden, welche Aktivitäten in welcher Reihenfolge durchzuführen sind (vgl. Abbildung 6.3).

Die im Rahmen der Wiederanlaufplanung anfallenden Aufgaben können in zwei Bereiche unterteilt werden:

1. Neuaufbau der eigenen IT-Infrastruktur,
2. Verlagerung der Informationsverarbeitung auf externe Rechnersysteme.

Bei der Wiederbeschaffung der zerstörten IV-Systeme kommt der Dokumentation große Bedeutung zu. Ihr sollte entnommen werden können, welche Komponenten in der alten Konfiguration enthalten waren. Abhängig von Hersteller und Produkt ist jedoch mit einer Lieferzeit von meistens nicht unter vier Wochen zu rechnen. Zudem wird für die Installation und den Anlauf des Systembetriebs ebenfalls eine gewisse Zeitspanne benötigt. Da die wenigsten Unternehmen eine mehrmonatige Unterbrechung der Geschäftstätigkeit überstehen würden, empfiehlt es sich, für diesen Übergangszeitraum auf externe Verarbeitungskapazitäten zuzugreifen, um so die Verfügbarkeit der Informationsverarbeitung möglichst schnell nach der Katastrophe wieder gewährleisten zu können.

Ausweichkapazitäten können dabei entweder an anderen Unternehmensstandorten vorgehalten werden oder durch Abschluß entsprechender Verträge bei Hardwareherstellern oder IT-Dienstleistern. Die Verlagerung und Wiederaufnahme der Verarbeitung ist jedoch abhängig vom Zugriff auf den gesamten Datenbestand des alten Systems. Zu einem Notfallprogramm gehört deshalb auch die Planung der laufenden Datensicherung auf transportablen und möglichst extern zu lagernden Medien. Technologien, welche diesen Ansprüchen gerecht werden sind Bandlaufwerke und optische Speichersysteme.

Schließlich sollte im Rahmen der Wiederanlaufplanung auch für die Bereitstellung von Arbeitsplätzen und Telefonverbindungen gesorgt werden, da die einen Container füllende Informationsinfrastruktur allein nicht zur Wiederaufnahme der Geschäftstätigkeit genügt.

7 Die Beurteilung der Wirtschaftlichkeit

7.1 Einführung

Bei konsequentem Einsatz der in den vorangegangenen Kapiteln beschriebenen Verfahren und Techniken stellt die Gewährleistung einer hohen Verfügbarkeit kein Problem dar. Die Gewährleistung des maximal erreichbaren Verfügbarkeitsniveaus ist jedoch nur dann das Ziel von rational handelnden Organisationen, wenn diese der optimalen Verfügbarkeit entspricht.

Bei der Ermittlung der optimalen Verfügbarkeit wird der sich aus dem Betrieb ergebende Nutzen den Kosten gegenübergestellt. Der Einsatz eines IV-Systems, dessen Betrieb Kosten verursacht, welche die Grenze des für eine bestimmte Organisation finanziell möglichen überschreiten, ist auch dann nicht optimal, wenn die gewährleistete Verfügbarkeit nahe 100 v.H. ist. Vor dem Hintergrund der Güterknappheit sollten sich deshalb alle, die Eigenschaften der Informationsinfrastruktur beeinflussenden Entscheidungen, am ökonomischen Prinzip orientieren. Dies besagt, daß wirtschaftlich optimal zu handeln, nichts anderes heißt, „als Extremwerte zu realisieren und zwar generell im Sinne eines möglichst günstigen Verhältnisses zwischen Aufwand und Ertrag"[1].

Für zweckgerichtete und ökonomisch geprägte Organisationen ist eine Analyse der Wirtschaftlichkeit ihres IV-Systems zur Vermeidung von Fehlinvestitionen zwingend notwendig. Ziel der Wirtschaftlichkeitsanalyse ist es, möglichst alle Faktoren, die die wirtschaftliche Zweckmäßigkeit (Nutzen/Kosten) des Systems beeinflussen, aufzuzeigen und für eine Beurteilung aufzubereiten[2]. Ein adäquates Controlling vorausgesetzt, ist die Abschätzung der Kosten dabei mit sehr viel weniger Problemen verbunden als die Ermittlung des mit dem Systembetrieb verbundenen Nutzens.

---

[1] SCHIERENBECK [1989, S. 3].
[2] HOFFMANN [1984, S. 174].

7.2 Die Kosten des Systembetriebs

7.2.1 Grundlagen

Kosten sind produktions-(betriebs-)bedingter Güterverbrauch[3]. Die Wirtschaftlichkeit eines IV-Systems kann deshalb ceteris paribus durch eine Erhöhung oder Verminderung der Kosten verändert werden. Die Erfassung der Kosten ist Aufgabe der Kostenrechnung, diese kann unterteilt werden in die

- Kostenarten-,
- Kostenstellen- und
- Kostenträgerrechnung[4].

Aufgabe der Kostenartenrechnung ist es, einen Überblick über die in der Betrachtungsperiode angefallenen Kosten des Systembetriebs zu geben. Da die Aussagekraft der Kostenstellen- und der Kostenträgerrechnung von der Qualität der Kostenartenrechnung abhängig ist, werden an sie besondere Anforderungen gestellt, welche in den Grundsätzen der Eindeutigkeit, Überschneidungsfreiheit und Vollständigkeit ihren Ausdruck finden. Der Grundsatz der Eindeutigkeit fordert eine klare Definition einer jeden Kostenart zur Vermeidung falscher Zuordnungen. Der Grundsatz der Überschneidungsfreiheit fordert die Disjunktion der Kostenarten zur Vermeidung der Mehrfacherfassung von einzelnen Kostenbeträgen. Die Gewährleistung einer vollständigen Erfassung aller Kosten des Systembetriebs wird durch Berücksichtigung des Grundsatzes der Vollständigkeit ermöglicht, alle anfallenden Kosten müssen einer Kostenart zuzuordnen sein.

Aufgabe der auf die Kostenartenrechnung folgenden Kostenstellenrechnung ist die Zuordnung der Kosten auf die Kostenstellen, den Ort ihrer Entstehung. Um die Zuordnung der Kosten zu erleichtern, sollten die Kostenstellen klar voneinander abgegrenzt sein mit jeweils selbständigen Verantwortungsbereichen. Je stärker das Kostenstellensystem differenziert wird, desto höher die Aussagekraft der Kostenrechnung. Gleichzeitig steigt jedoch auch der Aufwand der Erstellung und nehmen die Probleme bei der Zuschlüsselung von Gemeinkosten zu. Zur Erfassung der mit dem

[3] MELLEROWICZ [1963, S. 25].
[4] Vgl. HOFFMANN [1984, S. 176 ff.].

Systembetrieb verbundenen Kosten sind die Kostenstellen Systemleitung, Entwicklung und Betrieb denkbar.

Die Kostenträgerrechnung schließlich, gibt Auskunft darüber, welchen Produkten oder Dienstleistungen die entstandenen Kosten zugeordnet werden können. Kostenträger bei einem IV-System sind die Informationsdienstleistungen, welche an andere Organisationsbereiche oder, bei freien Kapazitäten, auch an andere Organisationen geliefert werden.

7.2.2 Einmalige und laufende Kosten[5]

Die dem IV-System zurechenbaren Kosten können in zwei Gruppen aufgeteilt werden, die einmalig anfallenden und die laufenden Kosten. Die einmaligen Kosten können unterteilt werden in

- Planungskosten,
- Systembeschaffungskosten,
- Installationskosten und
- Einsatzvorbereitungskosten.

Bestandteil der Planungskosten sind unter anderem die Aufwendungen, welche der Ermittlung der optimalen Verfügbarkeit zugeordnet werden können. Umstritten ist jedoch, ob diese Beträge bei der Ermittlung der Wirtschaftlichkeit mit einbezogen werden dürfen. Ergibt die Bestimmung der anzustrebenden Verfügbarkeit, daß die Realisierung des Mindestniveaus mit Kosten verbunden ist, welche die Finanzkraft der Organisation übersteigen, müßten diese übergeordneten Kostenstellen als Gemeinkosten zugewiesen werden. Eine solche, allgemeinere Zuordnung hat außerdem den Vorteil, daß die, wie in Abschnitt 3.3 beschrieben, umfangreiche Ermittlung der optimalen Verfügbarkeit nicht wegen der damit verbundenen Kosten über Gebühr gekürzt wird. Die Bestimmung der exakten Höhe der Planungskosten fällt am leichtesten, wenn durch die Fremdvergabe der Planung ein genauer Rechnungsbetrag existiert.

---

[5] Vgl. SCHUMANN [1992, S. 66 ff.].

Auch für die Systembeschaffung, Installation und Einsatzvorbereitung gilt, daß ein Fremdbezug von Produkten bzw. Dienstleistungen die Ermittlung der Kosten vereinfacht, da die Rechnungsbeträge jeweils eindeutig zuordenbar sind und so eine, die Aussagekraft schmälernde Gemeinkostenschlüsselung entfällt.

IS-Dimension	Erhebungseinheit	Kostenelemente	
		Realisierung/Anpassung	Einsatz
DV-technische Basis	Rechneranlage; wenn sinvoll, Unterscheidung nach • Hardware • Systemsoftware	• Beschaffung / Installation --- • Ausbildung • Inbetriebnahme	• Miete/Lizenzen • Wartung --- • Systemmanagement
	Gesamtkonfiguration	• Baumaßnahmen • Raumausstattung	• Versicherung • Energie • Datenfernübertragung
Anwendungs-Basis	Datenverwaltungsbereich	• Datenmanagement	
	Anwendungssystem	• Ausbildung • Realisierung • Konzeption • Einführung	• Benutzerbetreuung • Operating --- • Softwarelizenzen
Informations-Einsatz	Anwendungssystem	• Ausbildung • Einführung • Konzeption	• Datenerfassung --- (Folgen von DV-techn. oder Anwendungsmängeln
-	IS insgesamt	Beratung	Management des EDV-Bereichs

Abbildung 7.1:   Zu erhebende Kostenelemente

(NEU [1991, S. 100])

Die laufenden Kosten können unterteilt werden in

- Leistungskosten und
- Bereitschaftskosten.

Während die Leistungskosten durch die Nutzung des IV-Systems durch die Anwender entstehen, werden die Bereitschaftskosten aufgewendet, um den zuverlässigen Betrieb des Systems zu gewährleisten. Die Bereitschaftskosten steigen deshalb mit dem zu gewährleistenden Verfügbarkeitsniveau an, da Funktionsüberprüfungen häufiger durchgeführt und komplexere Sicherungsmethoden angewendet werden. Einen

Überblick über die zu erhebenden Kostenelemente, welche entweder einmalig oder laufend anfallen, bietet Abbildung 7.1.

7.3 Nutzen des Betriebs von IV-Systemen

Neben der Erhebung der Kosten ist für die Bestimmung der Wirtschaftlichkeit eines IV-Systems eine Analyse des sich aus dem Betrieb ergebenden Nutzen notwendig. Dieser kann in zwei Gruppen unterteilt werden[6]:

1. Monetär quantifizierbarer und

2. nicht monetär-quantifizierbarer Nutzen.

Zur ersten Gruppe zählen beispielsweise Einsparungen im Bereich der Personalkosten, wenn der Einsatz der Informationstechnologie Rationalisierungen ermöglicht. Sehr einfach können auch Dienstleistungen bewertet werden, welche für andere Organisationen erbracht und von diesen bezahlt werden. Der Anteil dieser Nutzengruppe hat jedoch in den letzten Jahren zugunsten des nicht monetär-quantifizierbaren Nutzens abgenommen.

Jede qualitative Verbesserung der in der Organisation ablaufenden Prozesse stellt einen nicht monetär-quantifizierbaren Nutzen dar. Der große Anteil dieser Gruppe am Gesamtnutzen ergibt sich aus den Eigenschaften des Produktionsfaktors Information, dem Output des Informationssystems. Jede in einer Organisation getroffene Entscheidung, wird durch Informationen beeinflußt und stellt selbst auch wieder Information dar. Der Informationsversorgung kommt deshalb bei der Erreichung organisatorischer Ziele eine Schlüsselrolle zu[7].

Typische Nutzeneffekte quantitativer oder qualitativer Art, welche mit dem Systembetrieb erreicht werden können, sind[8]:

• Kostenvermeidung, wenn durch den Einsatz der Informationstechnologie bestimmte Vorgänge ganz entfallen.

---

[6] Vgl. HOFFMANN [1984, S. 179 f.], eine weitergehende Differenzierung der Nutzengruppen findet sich u.a. bei NAGEL [1988, S. 24].
[7] Zur Rolle der Information im System der Produktionsfaktoren vgl. SCHWARZE [1995b, S. 22].
[8] Vgl. SCHUMANN [1992, S. 71 ff.].

- Kostenreduktion, wenn die Höhe der Aufwendungen für bestimmte Tätigkeiten verringert werden kann.

- Produktivitätssteigerungen, z.B. durch verkürzte Durchlaufzeiten.

- Steigerungen der Qualität durch verbesserte Möglichkeiten bei der Überwachung von Arbeitsabläufen.

- Erhöhung der Flexibilität durch Verbesserungen der Arbeitsablaufsteuerung.

- Verbesserung der Qualität betriebswirtschaftlicher Entscheidungen durch Erhöhung des zur Verfügung stehenden Informationsangebotes.

- Bessere Abgrenzung gegenüber den Mitbewerbern durch erhöhte Verfügbarkeit für den Kunden[9].

Die möglichen Nutzeffekte überschneiden sich häufig, so führt die Eliminierung redundanter Datenerfassungen nicht nur zu einer Vermeidung der damit verbundenen Kosten sondern gleichzeitig auch zu einer Steigerung der Produktivität.

Die Veränderungen der Ziele, welche mit dem Einsatz der IV-Systeme angestrebt werden, zeigt die folgende Abbildung 7.2.

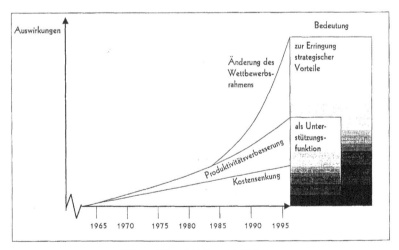

Abbildung 7.2:   Zielrichtung der IV-Systeme

(VGL. NAGEL [1988, S. 27])

---

[9] Im Finanzbereich z.B. durch Home Banking (vgl. Abschnitt 3.3.2).

7.4 Wirtschaftlichkeitsanalysen

7.4.1 Grundlagen

Nach Erhebung aller Kosten sowie des monetär-quantifizierbaren Nutzens sind durch Einsatz von Verfahren der Wirtschaftlichkeitsrechnung aggregierende Bewertungen einer bestimmten Systemkonfiguration bzw. eines Subsystems der Gesamtkonfiguration möglich. Diese erlauben Aussagen über die Verzinsung des eingesetzten Kapitals oder dienen zum Vergleich mit anderen möglichen IV-Lösungen. Mit steigendem Anteil der nicht-monetär quantifizierbaren Faktoren verlieren die Verfahren der Wirtschaftlichkeitsrechnung, wie die statische Gewinnvergleichsrechnung oder die dynamische Kapitalwertmethode, jedoch an Aussagekraft. Da für die Nutzung moderner IV-Systeme aber gerade ein hoher Anteil qualitativer Ergebnisse charakteristisch ist, wird an dieser Stelle auf eine Darstellung der bekannten Verfahren verzichtet[10].

Die Erkenntnis der Schwächen der klassischen Verfahren der Wirtschaftlichkeitsrechnung führte zur Entwicklung von Methoden, welche die Ausblendung qualitativer Effekte vermeiden. Diese sind zur Beurteilung der Wirtschaftlichkeit von IV-Systemen deshalb besser geeignet. Die Auswahl des einzusetzenden Verfahrens ist dabei abhängig von dem mit der Analyse angestrebten Ziel. Die nachfolgend vorgestellten Verfahren stellen dabei nur eine kleine Auswahl der zur Verfügung stehenden Methoden dar.

Der Vergleich von IV-Systemen mit unterschiedlichen Verfügbarkeitsniveaus mit dem Ziel, die für eine Organisation beste Alternative auszuwählen, kann durch den Einsatz der Nutzwertanalyse vereinfacht werden. Zur Bewertung der aus einer gestiegenen Verfügbarkeit resultierenden Nutzeffekte bietet sich die Nutzenanalyse an, welche nicht nur verschiedene Nutzenkategorien berücksichtigt, sondern auch deren Eintrittswahrscheinlichkeiten.

---

[10] Ein umfassender Überblick zur Investitionsrechnung findet sich bei PERRIDON/STEINER [1993, S. 34 ff.].

7.4.2 Nutzwertanalyse

Stehen zur Lösung einer bestimmten Aufgabe verschiedene Alternativen zur Auswahl, stellt die Nutzwertanalyse ein geeignetes Instrument zur Bestimmung der optimalen Lösung dar. Durch Einordnung der monetär nicht bewertbaren Eigenschaften und Nutzeffekte auf einer Bewertungsskala wird eine Quantifizierung ermöglicht, welche einen Vergleich stark vereinfacht.

Die Durchführung der Nutzwertanalyse kann in sieben Schritte unterteilt werden[11]:

1. Auswahl der Alternativen

Im ersten Schritt kommt es zur Festlegung der in der Nutzwertanalyse zu vergleichenden Alternativen. Es sollten dabei möglichst alle Lösungen erfaßt werden, welche geeignet erscheinen den Anforderungen gerecht zu werden.

2. Festlegung der Einflußfaktoren

Die Einflußfaktoren beschreiben die Eigenschaften, über welche die verschiedenen Alternativen verfügen sollten, um den mit dem Betrieb verbundenen Anforderungen gerecht zu werden.

3. Bestimmung der Gewichte der Einflußfaktoren

Da die Bedeutung der verschiedenen Einflußfaktoren variiert, werden diese gemäß ihrer Relevanz für die Gesamtbeurteilung gewichtet. Die Gewichtung kann entweder prozentual erfolgen, die Einflußfaktoren ergeben zusammen 100%, oder mit Hilfe einer Skala. Diese Möglichkeit vereinfacht die Neuaufnahme oder Streichung von Einflußfaktoren und ist deshalb vorzuziehen.

4. Bestimmung des Erfüllungsgrades der Einflußfaktoren durch die Alternativen

Für jeden Einflußfaktor wird durch Einsatz einer Rang- oder Ordinalskala bestimmt, inwieweit ihm die verschiedenen Alternativen gerecht werden. Eine zu große Skala sollte dabei vermieden werden, da sonst die Gefahr besteht, eine größere Genauigkeit zu suggerieren als ein solches Verfahren liefern kann.

5. Berechnung der Produkte aus Gewicht und Bewertung der Einflußfaktoren (Punktwerte)

---

[11] Vgl. SCHWARZE [1995a, S239 ff.].

6. Berechnung der Punktwertsummen

Die sich aus Multiplikation der Alternativenbewertungen mit den Gewichtungen der Einflußfaktoren ergebenden Punktwerte werden für jede Alternative zu einem Gesamtpunktwert kumuliert.

7. Ermittlung der optimalen Alternative

Die Alternative mit dem größten Punktwert wird den an das System gestellten Anforderungen am besten gerecht.

Bei aller, mit subjektiven Bewertungen unvermeidlich verbundener Ungenauigkeit stellt die Nutzwertanalyse ein nützliches Instrument dar, welches mit vergleichsweise geringem Aufwand eingesetzt werden kann. Beim Vergleich verschiedener IV-Systeme mit der Nutzwertanalyse kann die Verfügbarkeit als Einflußfaktor in die Bewertung einbezogen und ihre Bedeutung über die Gewichtung variiert werden.

7.4.3 Nutzenanalyse

Die Nutzwertanalyse ist gut geeignet, um verschiedene IV-Lösungen miteinander zu vergleichen. Durch die zeitpunktbezogene Betrachtung werden mögliche Entwicklungen jedoch genauso ausgeblendet wie die Unsicherheit der Größen mit denen operiert wird. Zudem kommt den Einflußfaktoren zwar durch die Gewichtung eine unterschiedlich hohe Bedeutung zu, eine Unterteilung in unterschiedliche Nutzenkategorien erfolgt jedoch nicht.

Zur differenzierten Beurteilung der sich aus dem Betrieb eines bestimmten IV-Systems ergebenden Nutzen empfiehlt sich deshalb der Einsatz eines anderen Verfahrens der Wirtschaftlichkeitsanalyse, die Nutzenanalyse[12]. Charakteristisches Merkmal der Nutzenanalyse ist die Bewertung der Nutzeffekte anhand der Dimensionen Nutzenkategorie und Realisierungschance.

Die Einteilung der Nutzeffekte erfolgt in eine von drei Nutzenkategorien. In der ersten Kategorie wird der direkte Nutzen erfaßt. Unter direktem Nutzen versteht man

---

[12] Vg. NAGEL [1988, S. 71 ff.].

dabei die Einsparung bestehender Kosten, wie z.B. Personal- oder Materialkosten. Da diese Kosten bekannt sind, kann die Bewertung sehr einfach erfolgen.

Der relative Nutzen wird der Kategorie zwei zugeordnet. Unter relativem Nutzen werden dabei Einsparungen zukünftiger Kosten sowie Einsparungen durch die Leistungsfähigkeit des IV-Systems erfaßt. Beispiele hierfür sind die Reduzierung der uneinbringlichen Forderungen durch eine automatische Kreditkontrolle sowie eine Verringerung des Lagerbestands durch ein neues Logistiksystem. Die Bewertung erfolgt durch Schätzung und ist mit einer gewissen Ungewißheit behaftet.

Die Kategorie drei beinhaltet den schwer faßbaren Nutzen. Hierunter werden alle Effekte subsumiert, welche sich nicht direkt aus dem Einsatz der Informationstechnologie ergeben. Dazu zählt der mit dem Einsatz eines modernen IV-Systems, unter anderem gekennzeichnet durch eine hohe Verfügbarkeit, verbundene Ansehensgewinn für eine Organisation. Eine Bewertung dieser Nutzeffekte ist auf Grund des qualitativen Charakters immer mit Schwierigkeiten verbunden und sollte durch Vergleiche und Schätzungen sehr vorsichtig erfolgen.

Die in die drei Kategorien eingeteilten Nutzeffekte werden dann hinsichtlich ihrer Realisierungschance beurteilt, diese kann hoch, mittel oder gering sein. Die Kombination der beiden Dimensionen Nutzenkategorie und Realisierungschance, welche beide je drei Ausprägungen haben, führt zu neun Nutzentypen.

Realisierungschance / Nutzenkategorie	hoch					mittel					gering				
	1	2	3	4	5	1	2	3	4	5	1	2	3	4	5
Nutzenkategorie I: Direkter Nutzen Σ Nutzenkategorie I:			①					③					⑥		
Nutzenkategorie II: Relativer Nutzen Σ Nutzenkategorie II:		②						⑤						⑧	
Nutzenkategorie III: Schwer faßbarer Nutzen Σ Nutzenkategorie III:			④					⑦					⑨		

Abbildung 7.3:   Nutzenmatrix für einen Betrachtungszeitraum von 5 Jahren

(Vgl. NAGEL [1988, S. 81])

Um die sich im Zeitablauf ergebenden Veränderungen zu erfassen, sollte die Betrachtung der Nutzeffekte über mehrere Perioden geführt werden. In der Nutzenma-

trix werden dann die Kosteneinsparungen, welche sich für die verschiedenen Kategorien ergeben, unter Berücksichtigung der Realisierungschancen erfaßt. Abbildung 7.6
zeigt eine solche Nutzenmatrix für einen Betrachtungszeitraum von fünf Jahren. Die
Numerierung der Nutzentypen entspricht dabei einer Rangfolge; je höher die Zahl,
desto geringer die Realisierungschance bzw. desto ungenauer die Quantifizierung.

Durch Addition aller Werte innerhalb der einzelnen Nutzentypen kann die Nutzenanalyse im Sinne einer Szenario-Technik verwendet werden. Der für den Nutzentyp
1 ermittelte Gesamtwert bildet dabei die zu erwartende Untergrenze, der Gesamtwert
für den Nutzentyp 9 die Obergrenze der mit dem IV-Einsatz verbundenen Nutzeffekte. Durch Gegenüberstellung der durch den Betrieb verursachten Kosten ist eine
Aussage über die Vorteilhaftigkeit differenziert nach Nutzentypen möglich.

7.5 Die „Total Cost of Ownership"

Zur Vermeidung von Brüchen bei der Bearbeitung von Vorgängen und bedingt durch
die Weiterentwicklungen der Hardware-, Software- und Netzwerktechnik hat der
Verbreitungsgrad von integrierten IV-Lösungen, welche alle in einer Organisation zu
bewältigenden Prozesse abbilden, stark zugenommen. Die Motivation zur Einführung solcher Systeme entspringt dabei den angestrebten Nutzeffekten.

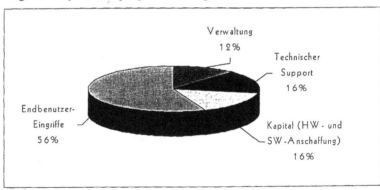

Abbildung 7.4:   Aufteilung der Gesamtkosten von Desktop-PCs

(MICROSOFT [1996])

Wird nach einigen Jahren die Wirtschaftlichkeit des Systems beurteilt, zeigt sich jedoch häufig, daß diese geringer ist als ursprünglich erwartet. Verantwortlich hierfür sind vor allem bei weitem zu gering angesetzte Kosten im Bereich der von den Anwendern zu benutzenden Desktop-Geräte. Wie Abbildung 7.4 zeigt, entsprechen die Anschaffungskosten für Hard- und Software nur 16% der mit einem Desktop-PC verbundenen Gesamtkosten. Vor diesem Hintergrund wurde deshalb der Begriff der „Total Cost of Ownership" geprägt, welcher zum Ausdruck bringt, welche Bedeutung der vollständigen Kostenerfassung für einen wirtschaftlichen Systembetrieb zukommt. Verursacht werden die meisten Kosten durch selbstherbeigeführte Probleme und unproduktive Aktivitäten der Endbenutzer. Typische Beispiele hierfür sind[13]:

- Unbeabsichtigtes Löschen von benötigten Systemdateien auf einer Festplatte.
- Unkorrektes Verändern der Systemsteuerung oder der Registrierung.
- Einführen von Inkompatibilitäten oder Viren durch Installieren von neuer Software.
- „Drehen" an Systemeinstellungen wie Farben, Hintergründe und Anordnung des Desktop.
- Installieren und Benutzen nicht zugelassener Software, die mit der beruflichen Tätigkeit nichts zu tun hat, wie z.B. Spielen.

Die Ermittlung dieser Kostenträger ist notwendige Voraussetzung für die Ergreifung von Maßnahmen zur Vermeidung oder Reduzierung der Ursachen, wie z.B. dem Verbot für Anwender selbständig Software einzuspielen oder Konfigurationseinstellungen zu verändern. Da diese Maßnahmen allesamt dem Bereich der Sicherung einer optimalen Verfügbarkeit zugeordnet werden können, ist der Total Cost of Ownership-Ansatz gut geeignet um aufzuzeigen, daß die Sicherung der Systemverfügbarkeit sich nicht nur positiv auf den Nutzen auswirkt, sondern auch geeignet ist, einzelne Kostenpositionen zu reduzieren.

---

[13] MICROSOFT [1997, S. 9].

8 Schlußbemerkungen

8.1 Bewertende Zusammenfassung

Aufgabe dieser Diplomarbeit war die Auseinandersetzung mit den Problemen, welche die Gewährleistung einer optimalen Verfügbarkeit von IV-Systemen beeinträchtigen können. Dabei wurde deutlich gemacht, daß es nicht auf den unreflektierten Einsatz der vielen verschiedenen Verfahren und Techniken ankommt, welche geeignet sind, die Verfügbarkeit eines IV-Systems positiv zu beeinflussen, sondern auf eine strukturierte Vorgehensweise, bei der die einzelnen Schritte vor dem Hintergrund der angestrebten Ziele, wie Wirtschaftlichkeit oder Erhöhung der Wettbewerbsfähigkeit, durchgeführt werden.

Die als notwendige Basis der nachfolgenden Entscheidungen durchzuführende Bestimmung der optimalen Verfügbarkeit ist dabei, bedingt durch die vielen Einflußgrößen, mit besonderer Unsicherheit behaftet. Es ist deshalb erforderlich, in regelmäßigen Abständen eine Neubestimmung des als optimal erkannten Niveaus vorzunehmen. Positiver Nebeneffekt ist, daß sich im Rahmen dieser Analysen häufig Informationen ergeben, welche nicht nur für den Betrieb des IV-Systems, sondern auch für die Bewertung der in der Unternehmung ablaufenden Geschäftsprozesse von Bedeutung sind.

Zwar kann bei den zur Gewährleistung einer optimalen Verfügbarkeit vorgestellten Verfahren und Techniken kein Anspruch auf Vollständigkeit erhoben werden, da die Entwicklung hier, wie in allen Bereichen der Informationstechnologie, stetig weitergeht. Es ist jedoch gelungen darzulegen, daß für eine effiziente Systemgestaltung sowohl innerhalb als auch zwischen den technischen, organisatorischen und personellen Bereichen kongruente Bedingungen im Sinne einer gleichmäßigen Beachtung aller wesentlichen Einflußfaktoren gefordert werden müssen.

Mit den beschriebenen Wirtschaftlichkeitsanalysen wurde veranschaulicht, daß bei jeder Systemkonzeption Kosten- und Nutzeneffekte berücksichtigt werden müssen, und daß die Erfassung dieser Effekte häufig nur annäherungsweise möglich ist.

Durch die enge Beziehung zwischen Wirtschaftlichkeitsanalyse und Bestimmung der optimalen Verfügbarkeit kann mit diesem Kapitel der Kreis der Betrachtung geschlossen werden.

8.2 Ausblick

In einem durch eine große Dynamik gekennzeichneten Markt, wie dem der Informationstechnologie, öffnet sich das Spektrum möglicher Entwicklungsrichtungen wie ein Trichter. Die Abgabe von Prognosen fällt deswegen sehr schwer bzw. besonders leicht. Für die Verfügbarkeit von IV-Systemen darf jedoch davon ausgegangen werden, daß die Bedeutung dieses Teilbereiches in der Zukunft weiter steigen wird.

Zur Stützung dieser Einschätzung können verschiedene Punkte angeführt werden. Eine bereits seit einigen Jahren zu beobachtende Entwicklung ist der Einsatz von IV-Systemen in Organisationen als strategischer Erfolgsfaktor. Je größer der strategische Charakter der Systeme wird, desto größer ist gleichzeitig auch die Abhängigkeit von einem zuverlässigen Betrieb und somit auch von der Verfügbarkeit.

Weiterhin kann eine zunehmende, sowohl unternehmensinterne als auch -externe Vernetzung von IV-Systemen beobachtet werden[1]. Sowohl im Unternehmen als auch in den Beziehungen zu Marktpartnern kann durch eine Vernetzung die Zahl der in der Kommunikation vorhandenen Brüche vermindert und eine Mehrfacherfassung und -bearbeitung von Daten reduziert werden. Durch einen Systemausfall kann es dann jedoch auch zu einer Blockade ganzer Prozesse kommen.

Schließlich befindet sich auch die Entwicklung neuer Sicherungstechniken noch nicht am Ende. Durch den Einsatz von Satelittenverbindungen wird es zukünftig möglich sein, die Knoten eines Clusters über die ganze Welt zu verteilen. Gerade multinationalen Unternehmen werden so neue IS-Architekturen ermöglicht, ohne daß Einschränkungen im Bereich der Verfügbarkeit hingenommen werden müßten.

---

[1] Man beachte die steigende Anzahl reiner Internet/Intranet-Lösungsanbieter.

Literaturverzeichnis

AMP [1997]: A Brief Overview of Reliability in General and for Electrical Connectors in Particular. http://www.amp.com/product/artcles/reliable.html, 24.06.1997

APC [1997]: Power Event Definitions, Causes and Effects. http://www.apcc.com/english/power/power004.html, 06.08.1997.

BALZERT, H. [1982]: Die Entwicklung von Software-Systemen: Prinzipien, Methoden, Sprachen, Werkzeuge. Mannheim/Wien/Zürich.

BRUNNER, F.J. [1992]: Wirtschaftlichkeit industrieller Zuverlässigkeitssicherung. Braunschweig/Wiesbaden.

BUCK-EMDEN, R.; GALIMOW, J. [1995]: Die Client/Server-Technologie des SAP-Systems R/3: Basis für betriebswirtschaftliche Anwendungen. Bonn u.a.

BUSSE, K.H. [1996]: Building Solutions for Mission Critical Environments. http://www.hpugh.uni-hannover.de/FORUM/high.html, 18.06.1997

DATAQUEST [1996]: Client/Server Computing Worldwide.

DGQ [1995]: Qualitätsmanagement bei Dienstleistungen. Berlin/Wien/Zürich.

DUDEN [1993]: Informatik. Mannheim u.a.

EWING, J. [1993]: RAID: An Overview. http://www.stortek.com/storagetek/hardware/disk/raid/raid_idx.html, 06.08.1997.

GLASER, G.M.; HEIN, M.; VOGL, J. [1994]: TCP/IP: Protokolle, Projektplanung, Realisierung. Bergheim.

HARTMANN, M. [1997]: High-Availability Support für SAP R/3-Kunden. Unveröffentlichte Foliensammlung.

HEINRICH, L.J. [1992]: Informationsmanagement: Planung, Überwachung und Steuerung der Informationsinfrastruktur. München/Wien.

HEINRICH, L.J.; LEHNER, F.; ROITHMAYR, F. [1990]: Informations- und Kommunikationstechnik. München/Wien.

HEINRICH, L.J; ROITHMAYR, F. [1992]: Wirtschaftsinformatik-Lexikon. München/Wien.

HEWLETT-PACKARD [1994]: Mit Sicherheit in die Zukunft: Das HP Notfallprogramm. Böblingen.

HEWLETT-PACKARD [1996a]: MirrorDisk/UX for High Availability. Böblingen.

HEWLETT-PACKARD [1996b]: HP MC/ServiceGuard. Böblingen.

HEWLETT-PACKARD [1996c]: HP Process Resource Manager. Böblingen.

HEWLETT-PACKARD [1997]: High Availability Concepts White Paper. Genf.

HOFFMANN, F. [1984]: Computergestützte Informationssysteme: Einführung für Betriebswirte. München/Wien.

IDC INTERNATIONAL DATA CORPORATION [1996]: Highly Available System. Framingham, U.S.A.

IEEE [1995]: Status of the Reliability Technology. http://www.enre.umd.edu/i3e/rsnl295a.html, 21.06.1997.

KAUFFELS, F.J. [1996]: Herausforderung Netz- und System-Management. In: Online, 3 [1995].

KREIKEBAUM, H. [1993]: Strategische Unternehmensplanung. Stuttgart u.a.

KUPSCH, P.U.; MARR, R. [1992]: Personalwirtschaft. In: HEINEN, E.: Industrie-betriebslehre: Entscheidungen im Industriebetrieb, S.729-896. Wiesbaden.

KURI, J. [1997]: Der mit dem Wolf tanzt...: Ausfallsicherheit für Server durch Clustering. In: c't, 7 [1997], S. 260-262.

MEFFERT, H. [1991]: Marketing: Grundlagen der Absatzpolitik. Wiesbaden.

MELLEROWICZ, K. [1963]: Allgemeine Betriebswirtschaftslehre, IV. Band. Berlin.

MICROSOFT [1996]: Microsofts Strategie zur Senkung der PC-Gesamtkosten. In: Partner Programm CD [1997].

MICROSOFT [1997]: Die Strategie zur Senkung des Administrationsaufwands für den Desktop PC. In: Partner Programm CD [1997].

NAGEL, K. [1988]: Nutzen der Informationsverarbeitung: Methoden zur Be-wertung von strateg. Wettbewerbsvorteilen, Produktivitätsververbesserungen u. Kosteneinsparungen. München/Wien.

NEU, P. [1991]: Strategische Informationssystem-Planung: Konzept und In-strumente. Berlin/Heidelberg.

PERRIDON, L.; STEINER, M. [1993]: Finanzwirtschaft der Unternehmung. Mün-chen.

PFEIFER, T. [1993]: Qualitätsmanagement: Strategien, Methoden, Techniken. München/Wien.

RAFFEÉ, H. [1993]: Grundprobleme der Betriebswirtschaftslehre. Göttingen.

SAP [1996]: The SAP Initiative High Availability of R/3 –Zero Downtime-. Walldorf.

SCHIERENBECK, H. [1989]: Grundzüge der Betriebswirtschaftslehre. München/Wien.

SCHUMANN, M. [1992]: Betriebliche Nutzeffekte und Strategiebeiträge der großintegrierten Informationsverarbeitung. Berlin/Heidelberg.

SCHWARZE, J. [1994]: Einführung in die Wirtschaftsinformatik. Herne/Berlin.

SCHWARZE, J. [1995a]: Systementwicklung: Grundzüge der wirtschaftlichen Planung, Entwicklung und Einführung von Informationssystemen. Herne/Berlin.

SCHWARZE, J. [1995b]: Informationsmanagement. Hannover.

STROHL SYSTEMS [1997]: Company Overview and Product Demos of: LDRPS, BIA Professional. King of Prussia, U.S.A.

WEYGANT, P.S. [1996]: Clusters for High Availability. Upper Saddle River, NJ 07458.

Diplomarbeiten Agentur

Die Diplomarbeiten Agentur vermarktet seit 1996 erfolgreich Wirtschaftsstudien, Diplomarbeiten, Magisterarbeiten, Dissertationen und andere Studienabschlußarbeiten aller Fachbereiche und Hochschulen.

Seriosität, Professionalität und Exklusivität prägen unsere Leistungen:

- Kostenlose Aufnahme der Arbeiten in unser Lieferprogramm
- Faire Beteiligung an den Verkaufserlösen
- Autorinnen und Autoren können den Verkaufspreis selber festlegen
- Effizientes Marketing über viele Distributionskanäle
- Präsenz im Internet unter **http://www.diplom.de**
- Umfangreiches Angebot von mehreren tausend Arbeiten
- Großer Bekanntheitsgrad durch Fernsehen, Hörfunk und Printmedien

Setzen Sie sich mit uns in Verbindung:

Diplomarbeiten Agentur
Dipl. Kfm. Dipl. Hdl. Björn Bedey –
Dipl. Wi.-Ing. Martin Haschke ——
und Guido Meyer GbR ———————

Hermannstal 119 k ——————
22119 Hamburg ———————

Fon: 040 / 655 99 20 —————
Fax: 040 / 655 99 222 ————

agentur@diplom.de ——————
www.diplom.de ———————

Diplomarbeiten Agentur

www.diplom.de

- **Online-Katalog**
  mit mehreren tausend Studien

- **Online-Suchmaschine**
  für die individuelle Recherche

- **Online-Inhaltsangaben**
  zu jeder Studie kostenlos einsehbar

- **Online-Bestellfunktion**
  damit keine Zeit verloren geht

**Wissensquellen
gewinnbringend nutzen.**

**Wettbewerbsvorteile
kostengünstig verschaffen.**